社会化营销

构建360度微资源生态圈

胡恒飞 著

浙江大学出版社

目 录

第三部分
实战：不一样的营销方式

第四部分
应用：未来正在到来

微营销与大环境

中国传媒大学新媒体研究院院长　赵子忠

2014年是互联网产品创新的一年。2014年的小年夜，微信推出了"发红包"和"讨彩头"，一夜之间引爆微信在线支付，做到了支付宝几年努力的成果。这次不折不扣的产品创新，颠覆了传统的发红包形式，让人们将发放红包与微信朋友圈这样的强关系平台绑定在一起。

2014年也是硬件技术与软件技术共同进步的一年。从最先的高热度产品Google Glass到年末苹果全球开发者大会（WWDC）发布的iWatch，人们对可穿戴设备的热情空前高涨。各种运动手环也已经在生活中随处可见。HTML 5技术的日渐成熟让越来越多浏览器和视频网站开始接受并使用，微信和微博中基于HTML 5技术的动画和游戏已经开始普及。

2014年是网络内容"爆棚"的一年。其中一个极具话题性的事件是"冰桶挑战",它的初衷旨在让更多人知道名为ALS(肌萎缩性骨髓侧索硬化症)的罕见病,同时达到募捐的效果。然而优质的内容使其关注度在短时间内迅速上升,成为人们口中热议的话题。

CNNIC(中国互联网信息中心)数据显示,截至2014年6月,我国网民规模达到6.32亿,手机网民规模达5.27亿;网民上网设备中,手机使用率已达83.4%,首次超越了传统PC(个人电脑)的使用率,手机终端作为第一大上网终端设备的地位也更加巩固。由于上网的时长正在增加,越来越多的研究聚焦在人们如何分配上网时间上,并且越来越多的资本涌入移动互联网,希望可以淘金其中。手机应用正在成为社会生活中重要的一部分,目前使用率很高的应用软件都是针对手机用户开发的。

随着技术革命的推进,互联网媒体正在由"新兴媒体"向"主流媒体"改变。互联网发展重心从"广泛"转向"深入",网络应用对大众生活的改变也从点到面,移动互联网已经全方位渗透到网民生活中。互联网经济的本质是因为用户信息传播速度和分享效率大大提高而形成的族群经济、圈子经济,也就是粉丝经济。原有的受众经济向粉丝经济转化,后者的重要性绝不仅仅是单纯的粉丝数量的累积,而是如何让粉丝成为下一层级的传播者,利用口碑传播的力量进行信息的裂变与传递。曾经,在互联网未如此发达的时代,主流媒体的传播方式是单向的,被称为"受众"的受者只能被动地接受信息。如今,互联网的信息接受者被称为"用户",传播已成为双向的信息传递,媒体不再是单纯地自说自话,而是会得到用户的反馈和评论;多维分享、裂变传播也正是因为传播由一对多、点对点,变为多对多、面对面,如何引发话题、发动传播的大爆炸则成为当下的热点、重点与难点。

　　诚如作者所说，社会化营销时代正在发生一场无可避免的营销革命，网络营销环境发生着巨变，而旧的营销模式正在被颠覆，社会化营销如今是倍受青睐的营销手段。本书系统阐述了社会化营销的原则和误区，并提出适合社会化营销的基本标准，通过案例与理论相结合的方式阐述如何构建360度微资源生态圈，构建企业战略体系。看完此书，读者会各有各的收获，为了不影响大家理解知识和享受获取知识的乐趣，我不应再说太多，所以就此打住。

移动互联网时代，社会化营销的五个关键词

联合国开发计划署新闻官　张薇

　　从2004年开始，我一直担任联合国开发计划署新闻官，负责联合国驻华系统和联合国开发计划署驻华代表处的传播战略规划及媒体事务，按照胡先生在本书中的总结，这项工作也属于"社会化营销"的范畴。

　　过去十年中，我见证了中国营销、公关、品牌推广的变革与成长，并亲手推动联合国开发计划署驻华代表处新闻传播事务的与时俱进，尤其是近两年中国进入移动互联网时代，颠覆与重构的速度、力度前所未见，社会化营销亟需总结、梳理。胡先生以理论体系和实践案例相融合的方式，全面论述如何以"360度微资源生态圈"进行社会化营销，这正是许多企业、咨询机构和公益组织等期待看到的方法论、指

导书。

关于"社会化营销"这项课题，我认为在移动互联网时代，应该把握好五个关键词。

第一个关键词：互动。移动互联网的出现，让智能手机成为人类新的器官，千里眼、顺风耳不再是传说，无论身在何处，一机在手，通达全球。这种改变给传统营销带来的影响巨大。过去，企业与用户是一种单向输出关系，企业只负责卖给用户质量优良的好产品，然后通过广告给目标用户传播一个好的品牌形象。如今，企业与用户是一种双向互动关系，共同打造品牌形象和口碑。这时，企业就要从幕后走向台前，积极主动地同用户互动，现在运营火爆的企业微博或微信，基本上都能调动用户参与创作内容和互动交流。

第二个关键词：网状。传统营销对企业的要求，主要是保持同目标用户的关系，而社会化营销则提出了更高要求，企业还需要与员工、意见领袖、合作伙伴、代理商、投资者等多种社会角色进行互动，每个人都有可能成为潜在用户。

第三个关键词：人格化。许多企业的"双微"（官方微博和官方微信）名称都有显著的人格特征。比如代表碧浪的"碧浪姐"，代表亚马逊的"小Z"，代表百度的"小度""度娘"等，让冷冰冰的企业名称变成"人"，让广告推广和营销活动成为具有亲和力的交流、互动，效果自然不会差。

第四个关键词：口碑。以前，产品的口碑传播都发生在狭小的群体范围内，通过口口相传建立品牌的过程非常漫长，而且还得投放大量广告来配合宣传。在移动互联网时代，微博、微信等社会化媒体为口碑传播提供了一个能量强大的加速器，借助这些新媒体，用户不需要面对面，甚至不需要认识，就能够以一对多的形式扩散产品的正面或负面信息，对口碑产生决定性影响。

第五个关键词：内容。尽管社会化媒体具有强大的营销功能，但"内容为王"的说法并未过时，有价值的内容仍然是社会化营销成功的关键。一定要努力创造出能够激发用户兴趣的内容，引起共鸣，这样才更容易成为社会热点话题。

在本书中，胡先生对这五个关键词也有很好的提炼与挖掘，对如何构建"360度微资源生态圈"平台更有精彩独到的解读，并且形成了完整的理论体系，具有很强的可操作性，值得用心品读。

自 序

　　社会化媒体的热潮在短短几年间席卷全球，随之而来的社会化媒体营销却让越来越多的企业推广部门头疼，每个营销人员或企业在考虑做市场推广时，都想要在社会化媒体上有所作为。可是面对微博、微信、微淘、微视、论坛、SNS（社会性网络服务）、Wiki（维基）等不断翻新的社会化平台，以及数以亿计的自媒体，营销人员往往不知道如何下手才能让这些社会化力量为己所用。

　　另一个课题是传统企业如何开展社会化营销，甚至是业务转型。小米手机的成功，使得众多传统企业对社会化营销和口碑营销竞相效仿，但成功者却寥寥。社会化营销对你是否适用？不同的企业，应该如何构建自身的社会化营销体系？在未来的社会化营销时代，如何通过技术手段和平台，实现营销与大数据的整合？企业的社会化营销行为，切勿浅尝辄止，而应借助技术手段，成为企业未来长期的资源，这对企业发展具有重大的战略意义。

关于社会化营销的未来，我预估2—3年内应该会出现比较成熟的、基于社会化资源的整合平台或系统，为广大的中小企业、社会组织提供几类服务：（1）基础的、免费的、社会化营销通路。（2）定制化的、个性化的社会化营销服务。（3）策略性的整合营销服务。这个有点类似于ERP（企业资源计划）之于企业，也就是说，社会化营销未来有可能体系化，成为企业运营中不可或缺的一环。

在我们经常接触到的企业中，几乎都在探讨如何转换思维方式，如何在移动互联网大潮中跟上时代的步伐。一些案例的成功，更是让企业觉得应该通过社会化营销做点什么，但又不得其门而入。在社会化营销方面，各类启迪思维、大开脑洞的书很多。在这本书中我并不想说太多概念，更多的是想通过多年来实际操作的经验，告诉企业实施的方法。我的思路是，企业有了方向，有了意愿，就应该有一个方法论，有可实际操作的工具指导，这样至少对企业有一点帮助。本书取名《社会化营销：构建360度微资源生态圈》，就是基于以上的想法。

第一部分
社会化营销时代，谁主沉浮

第一章
一场无法逃避的营销革命

传统媒体窗帘失灵，新媒体渔网布阵

传统媒体主要包括报刊、广播和电视三大媒体。在网络不够发达的年代，三大媒体作为营销的传播渠道几乎占据了垄断地位。

21世纪以前，中国互联网还处在初级阶段，企业做营销的最大平台就是传统媒体。当时在传统媒体上做营销效果十分明显，比如：当时新飞冰箱在央视的营销广告，"新飞广告做得好，不如新飞冰箱好"，新飞冰箱由此家喻户晓，销量直线上升；"牙好，胃口就好，吃嘛嘛香，身体倍儿棒"，简单直白的营销策略也帮助蓝天六必治的声名显著提升。

以前在央视做营销的产品，但凡广告创意尚可的，大多数都成了畅销品。究其原因：一方面是因为当时营销是有主流渠道的，央视和其他著名电视台就是主流渠道，主流渠道的营销受众较为广泛；另一方面是因为当时"上央视的都是好的"的舆情环境，也使受众容易相信央视广告。

然而，传统媒体也有自身缺陷。随着时间的推移，这些缺点开始逐渐凸显。

受限于技术因素，传统媒体只能单向地向受众发布产品信息，而没有受众参与的环节。受众只能被动地接受信息，缺乏对产品公开发表意见和建议的平台，很难与产品厂家进行沟通互动。新飞、六必治等品牌的陨落、衰败，都与传播和营销手段跟不上时代潮流有莫大关联。

如今回头分析，传统媒体垄断地位和单向传播的特点决定了它在营销过程中的一些功能特性。

传统媒体在营销过程中的窗帘功能特性

（1）传统媒体控制了发声渠道。

一些小企业受限于营销预算，无法广泛传播营销信息。消费者没有发声渠道，营销信息传播较慢。消费者无法对产品进行公开反馈。

（2）传统媒体在营销信息发布过程中很难做到完全透明。

传统媒体的特殊性和专业化，让普通群众难以参与，只有少数组织机构或少数人参与其中，造成少数人能影响营销广告和产品真实信息发布的情况。

（3）消费者不能自主选择自己想要的营销信息。

传统媒体播放什么样的营销信息，消费者就只能看什么样的营销信息，消费者面对营销信息无法自主选择。

在营销过程中，传统媒体的特性如同窗帘，营销信息好比装修好的房子。拉开窗帘，把装潢得金碧辉煌的房子展现出来，大家才能看到，而且是展现出哪一部分，大家只能看到哪一部分。反之，关上窗帘，就什么也看不见了。传统媒体在营销过程中的窗帘特性，在一定程度上影响了营销效果。

想要改变传统媒体在营销过程中的特性，使营销模式能够到达新的层次，就要从根本上冲击它的垄断地位和传播方式。媒体变化是营销企业营销方式和消费者需求理念变化的前提，营销的发展离不开媒体的支持。新媒体的出现，打破了传统媒体在营销渠道上的垄断，颠覆了它的传播方式。新媒体主要指在新的技术支撑体系下出现的媒体形态，如数字报刊、数字广播、手机短信、网络（门户网站，企业和个人网站，微博、微信等基于网络的媒体）、桌面视窗、数字电视、数字电影、触摸媒体等。

相对于传统媒体，新媒体在营销过程中体现出来的特性是渔网特性。

新媒体在营销过程中的渔网特性

（1）新媒体提供了人人发声的平台。

大小企业或个人都可参与营销信息的发布和传播，费用和门槛较低。每个人既可以是信息的发布者，同时也可以是信息的传播者。

（2）新媒体在营销过程中渠道众多，但没有主流渠道。

渠道多样性决定了企业的营销信息很难通过一种渠道大范围地传播，同样，企业产品的真实信息很难再被掩盖，可能通过一些特殊的渠道散播出去。

（3）新媒体在营销过程中提供了交互平台。

消费者能直接与企业沟通，随时随地发表自己的意见；企业能很快捷地得到消费者的反馈。在营销过程中，新媒体的特性像是一张渔网，许许多多的网眼就是各种各样的营销渠道，没有任何一个单独的渠道能够完全掌控信息的流通扩散。企业想要发布营销信息，单靠某一个平台显然不够，因为即便是最大的那个"网眼"，也不可能扩散太多的营销信息之"鱼"；同样，任何人、任何企业再也无法把产品的真实信息完全隐藏起来了。

新媒体在传播过程中表现出来的特性，一方面满足了消费者的情感需求和内心需求，另一方面为企业的营销提供了更为广阔的渠道。

由清华大学新闻与传播学院和社会科学文献出版社联合发布的《中国传媒产业发展报告（2014）》指出：2013年中国传媒产业结构出现重大变化，互联网及移动媒体行业收入的增长幅度领先，市场份额超越传统媒体，网络广告市场规模也追平电视媒体。可见在产品营销上，新媒体对传统媒体的替代作用愈发明显。

传统媒体的窗帘功能正逐渐失灵，新媒体的渔网已经开始布阵。媒体的改变，意味着营销信息从根本上实现了传递形态的转换。线性的传播渠道正向着多向的传播渠道转变，单向面对受众传播正朝着互动甚至发散方向急速转变。

网络营销环境巨变

以网络媒体为标志的新媒体潜移默化地改变了我们的消费方式，甚至改变了我们的精神生活状态。以媒体为中心的传播方式发生改变，网络营销环境也随之改变。网络营销环境是营销能否成功的关键因素，网络营销环境常变常新，谁能抓住它的变化规则，谁就能在营销中立于不败之地。

让我们从一个典型案例来看如今网络营销环境的变化。

事件回顾：1997年，广药集团将凉茶品牌王老吉商标租借给鸿道集团，鸿道集团授权其子公司加多宝集团在国内销售红罐凉茶王老吉。2012年，广药集团通过仲裁收回王老吉品牌的经营权，加多宝集团推出以"加多宝"命名的凉茶产品，并启动品牌切换的公关活动。

2013年1月31日，广州市中级人民法院在接到广药集团申请后，下达诉中

禁令裁定书，裁定广东加多宝饮料食品有限公司等被申请人停止使用"全国销量领先的红罐凉茶改名为加多宝"或与之意思相同、相近似的广告语进行广告宣传的行为。

2013年2月4日加多宝在其官方微博连发四条"对不起"图片微博。以"对不起"的关键词和一组哭泣的可爱小孩形象，构成新颖的傲娇表达方式，通过微博微信进行扩散，目的在于让更多的消费者、媒体、意见领袖能够在"加多宝收到诉中禁令"的简单结论下，深入探究加多宝与广药之间的品牌纠葛和事实真相。

营销效果与市场反馈：

①"对不起体"帮助加多宝摆脱了官司失败产生的消极品牌影响。根据拓尔思社会化媒体研究提供的数据，以2月4日为时间节点，分别截取前后一个月的微博数据做抽样分析，加多宝在微博上的品牌美誉度由29.62%（1月3日—2月3日期间）上升至50%（2月4日—3月4日期间），增长了约20%。此次传播中有87.73%的网友力挺加多宝，有76.56%的网友认为加多宝的营销很出色。有评论认为加多宝是"输了官司，赢了人心"。

②加多宝的品牌困扰是消费者不清楚它和王老吉的区别和联系。"对不起体"在让消费者眼前一亮的同时，使之有兴趣深究凉茶品牌之争，这对于加多宝要表达的信息有很大的推动作用，还加深了消费者对王老吉和加多宝两个品牌关系的认识。

③极大提升品牌影响力。加多宝以极低的营销投入，实现了全国多家媒体对此事的报道、多位意见领袖的关注、众多品牌的模仿和参与的营销效果。加多宝4条官微总计引发超过4万次转发，平均单条评论3597人次，转发层级最高达到18层，覆盖人群遍及28个省市自治区、总计超过1亿用户。在2月4日

"对不起体"发布的当天，有超过10万微博用户参与讨论，2月5日有近15万人参与，连续两天排名新浪微博热度第一。2月4日—2月5日24小时微博讨论量新增529849条，微博用户搜索排名第四。许小年、任志强、李开复、罗永浩、宁财神等意见领袖参与转发相关微博，环球企业家、财经网、21世纪等媒体官微密切关注，JEEP、宝马MINI、百度、梅花网等品牌模仿跟进。在微博上搜索"对不起体"，有超过38万条结果，在百度搜索"对不起体"，有超过70万条结果，单是百度百科"对不起体"词条浏览量就超过了8000人次。此次营销事件被广告门、成功营销等专业媒体全面、深入报道，多篇稿件成为该类网站月度热门文章。

加多宝成功地转"危"为"机"，打了一场漂亮的营销和公关仗。

加多宝"对不起体"营销成功是偶然的吗？当然不是！加多宝在营销过程中，抓住了网络环境特点和消费者同情弱小的心理。透过这个案例，我们可以看出当前网络营销环境有三个特点：

（1）搜索引擎引领网络营销和舆情管理。

在加多宝"对不起体"的传播过程中，大部分网友是通过搜索直接找到加多宝官方微博的。百度百科的搜索浏览量在短短一天时间达到8000人次。搜索引擎对这次事件起了关键的推动作用。由案例可以看出，信息搜索也越来越多地被网民使用，互联网数据中心发布统计报告显示，80.3%的网民使用搜索引擎检索信息，也佐证了这一点。见下表：

应用	2014年6月		2013年12月		
	用户规模（万）	网民使用率	用户规模（万）	网民使用率	半年增长率
即时通讯	56423	89.3%	53215	86.2%	6.0%
搜索引擎	50749	80.3%	48966	79.3%	3.6%
网络新闻	50316	79.6%	49132	79.6%	2.4%
网络音乐	48761	77.2%	45312	73.4%	7.6%

数据来源：中国互联网信息中心：《中国互联网发展状况统计报告》，2014年1月16日第33次发布。

信息的便捷获取潜移默化地改变了人们的思考方式，搜索结果页上汇集了整个互联网的智慧。谁不希望在苦思冥想"到底哪个产品好"之前先搜索一下呢？

企业搜索引擎的排名直接关系到企业的发展，搜索引擎对事件的意见更容易被大众接受，搜索引擎正逐渐成为引领网络营销和网络舆情管理的导航者。

（2）网民更愿意通过自己的方式去获取营销信息，抒发观点，评判对错。

上述案例中，加多宝巧妙地指出自己的民企性质，获得网民的同情，使得网民没有因为法院的裁定而对加多宝有太多负面评价。对于复杂事件，消费者一般不会去关注全部事实，而是希望得到一个简单的关键信息。加多宝"输了官司，赢了人心"，是网民积极表达自己观点的体现。

由于新媒体信息获取渠道较多，信息视角各有不同，网民对信息有更自主的选择权。认知环境和客观因素的改变，使网民更愿意按自己的方式对营销信息进行理解。传递网民信息的渠道和表达方式都发生了根本改变，相比以前官方媒体一呼百应的时代，网民自己的观点、自己的情绪，显然能够得到更为充分的表达。

（3）微信微博等影响力暴增，意见领袖作用增大。

加多宝"对不起体"通过微信和微博进行迅速扩散，引发了网友参与讨论和广泛分享。这反映了微信微博用户众多，具有平台关注度高的影响力。2014年第一季度，腾讯宣布微信月度活跃用户已达3.96亿。在亚太地区乃至全球范围内，微信都是增长速度最快的新兴社交平台。由于较好地连接了人际传播和大众传播的通道，微信在传播模式上对大众传播模式有颠覆性的影响。

借助微信和微博的海量用户，意见领袖在自媒体抒发的个人意见或情感会更加容易传播，影响力也随之增大。上述加多宝案例中，许小年、任志强、李开复、罗永浩、宁财神等意见领袖都有数万的粉丝。他们对微博的转发引起了更多的转发和互动。

意见领袖影响力逐渐凸显，舆论导向性更容易被左右，这也迫使企业在营销和公关过程中需要更加关注意见领袖的动态。

由于网民发声欲望的强烈、搜索引擎广泛的应用、微信微博的影响力增大，我国的舆论环境、媒体特点、信息发布方式、营销公关方法等都发生了翻天覆地的变化。无论你愿意与否，亿万网民都已站在你面前。各级组织和企业在新媒体时代必须采取适应时代的公关和营销方式，才能把信息更好地传播出去，使自己能跟得上媒体和网络环境的变化，走进新媒体时代，而不是被新媒体时代的门槛绊倒。

旧营销模式面临被颠覆

媒体平台和网络舆情已经发生根本改变，消费者的习惯也发生变化，这不仅是对传统媒体行业的冲击，也是对相关组织和企业的市场营销和公关部门的巨大挑战，旧的营销模式正逐渐走向尽头。

旧的营销模式有以下几个特点：营销就是做广告，而广告是单向的广而告之；营销以媒体为中心，而不是以消费者为中心；营销的只有产品信息。[①]

在旧的营销模式中，好的营销公司都擅长做广告创意，他们擅长打动别人并吸引别人的目光，然后把产品的优势告诉消费者。在新媒体时代，单向地告知消费者产品信息的营销方式显然不够了。遗憾的是，很多公司墨守成规，简单地认为把传统媒体广告技巧嫁接到新媒体上就行了。

这些营销规则如今已经不再适用，甚至会对消费者造成困扰。2013年，我产生了买一辆新车的想法。首先我注意到电视上的一些汽车广告，这些广告数以百计，其中不乏粗制滥造者，这使我很难再相信这些商业广告。像成千上万的消费者一样，我开始上网进行搜索。然而我同样遭到一大堆类似电视广告的网络广告的轰炸。很多汽车品牌的主页十分相似，无非是汽车图片、Flash视频，以及一些价格优惠方式。然而，这款车与众不同的地方是什么？汽车设计师是如何想的？买家驾驶后感觉是什么？我的一些个性需求能不能得到满足？厂家的信誉和品牌如何？这些其实才是我关注的。

汽车销售商们已经得了"广告强迫症"，他们在电视上疯狂做广告，黄金时段一小时内就会有三到五个汽车品牌广告，他们在网络上建立站点把电视

---

① 参见［美］David Meerman Scott：《新规则：用社会化媒体做营销和公关》（第1版），赵俐、谢俊、张婧妍等译，北京：机械工业出版社，2010年版。

上的广告变相搬到网页上，他们在地铁口、广场上张贴海报……汽车广告大有铺天盖地的气势。可惜的是，他们只是想单方面地用宣传吸引我，而并不打算与我沟通。这仅仅是给我造成了视觉上的体验，而没有让我有坚定要买某种型号的车的想法。因为，这种短暂的视觉体验，只是暂时让我把注意力集中到汽车上来，而实际上在我决定买车的时候就已经把注意力放在汽车上了。

另外，不要以为用户浏览网页，就是为了看广告。用户在浏览一些网站时更多是看买家的评论。因为用户上网访问，不是在寻找广告，而是要寻找帮助他们做决定的信息。

不过最终我还是找到了我想要的一些信息，只是它们不在汽车销售商的网站上。在一些汽车论坛和社区里，我知道了汽车买家的感受，了解到了汽车的真实信息，而且与汽车买家进行了非常愉快的交流。很多论坛里都有车主根据自身的经济情况、生活状态结合汽车市场的信息确定购买什么档次车的例子，这让我很受启发。一些网友还搜集了各大品牌车的特点和买家评价，这使我更直观地了解到一些厂家的信誉。一些车主和爱车的合影也引起了我的兴趣，还有关于驾车的感受，我也看了好多篇，并进行了对比分析。有了这些之后，我基本上知道自己要买什么样的车了。

我与朋友们聊了这件事后，许多朋友也有同感。事实上许多人在浏览了汽车品牌的网站后，问题并没有得到解决。如果汽车网站不能直接给购买者提供有价值的信息，那么他们的营销就是失败的。这说明一些汽车销售商仅仅用旧的营销模式是不够的。当然，这种情况绝不仅仅存在于汽车销售行业。

消费者在面对琳琅满目的产品时，他们对自己要寻找的产品只是有一个大致的想法，并没有完全做出决策。为顾客创建有用的内容，帮助他们做出决定，这样才会赢得客户尊重。比如，我想在当当网购买一本关于社会化营销的书，便开始搜索"社会化营销"这几个关键字，会得到5页大概200多本相关书籍的信息。大致选定了一个范围后，直接点击某书，除了价格之外还会看到它的版本、作者简介、商品评价、商品问答以及目录和部分章节等详细信息，这就使我很清楚地认识到它的信息，而不是只有一个醒目的封皮以及价格放在那里，让我去猜测里面到底是什么。此外网站还列出了"买这本书的人还买了……"这样的版块，挖掘我潜在的需求。这大概是当当网比较聪明的地方。聪明的营销人员与消费者充分交流，提供有用的信息，抓住消费者的需求。

各类企业所要营销的内容，除产品以外，还应该有自身的形象。消费者越来越关注企业的品牌形象，关注企业的社会责任，因为形象不佳而遭到消费者抵制的企业不在少数。北京联艺电影发行有限公司发行的电影《放手爱》，首日票房不到45万，时光网评分为0分。主要原因是片中演员杜汶泽的个人形象影响了公司和产品形象。在杜汶泽讽刺了内地人"总以为自己是世界中心"后，该影片遭到了大部分内地观众的抵制。

新媒体时代，消费者更关注的是自身的情感和内心需求，单向的广告很难吸引消费者的眼球。消费者不愿意仅仅被当为宣传的对象，发出自己声音的愿望越来越强烈。企业一方面必须提升产品质量和公司形象，一方面必须与消费者进行沟通，注重消费者的体验。旧的营销模式已经落伍，它将很快被新的营销模式所颠覆。

营销"心"模式：将沟通进行到底

最多通过几个人你就可以认识奥巴马？

答案是5个。这就是著名的"六度空间理论"，又叫"小世界理论"。该理论指出：你和任何一个陌生人之间所间隔的人不会超过5个，也就是说，最多通过5个中间人，你就能够认识任何一个陌生人。

这个理论从某种程度上反映了当今社会的高度互联。通信的高速发展，使人们在世界任何角落都可以和另一个角落的人联系，地球已经变成了一个村落。在此背景下，世界各地的营销者又一次改革了营销概念，使其更加专注于人类情感需求。新的营销概念纷纷诞生，如情感营销、体验营销、品牌资产营销等。显然，采用传统营销模式已经无法继续创造需求，现在营销者必须同时关注消费者的内心需要，营销"心"时代要来了。

关注消费者的内心需要，取得消费者信任，就要与消费者进行充分的沟通。沟通是新营销模式的基础。在新的市场环境中，营销传播不再像以往一样单纯追求对消费者的信息灌输，而是以媒体的创新、内容的创新、传播沟通方式的创新去征服目标受众。

"刘烨抢沙发事件"是明星在不经意间进行营销的成功事件。"火华社社长"刘烨因抢了几个普通网友的"沙发"而使更多的网友受到鼓舞，纷纷求刘烨抢"沙发"。"刘烨抢沙发事件"的火热还让众多明星纷纷效仿，使明星"抢沙发事件"成为了一场全民微博狂欢。

刘烨抢网友"沙发"为什么能造成如此大的影响？其实这就是"企业"与"消费者"进行了充分沟通。明星本来就有为数众多的粉丝，只是他们很少跟粉丝们互动沟通，因此总给人高高在上的感觉。一旦有明星与粉丝进行沟通互动，粉丝则会发现：自己与明星的距离并不是那么远，自己可以与明星对话、沟通。这就会让其他粉丝受到鼓舞，纷纷关注明星。新时代的营销最重要的属性之一便是沟通互动，关注消费者的内心想法。刘烨的微博之所以能产生如此大的影响力，正是因为他与网友的沟通互动。他用行动表明自己并不是一个一直酷酷的冷面男人，而是可以坐下来和粉丝沟通、和粉丝玩耍的邻家男孩。"刘烨抢沙发事件"的火爆，其实是明星微博由"广播模式"努力向"沟通互动模式"靠近的必然结果。

雕爷牛腩是一家"轻奢餐"餐厅，名字听着就挺特别。雕爷牛腩创办者叫孟醒，人称"雕爷"。他并非做餐饮的专业人士，开办这家餐厅，被很多人（包括雕爷自己）看作是一次商业风险很高的尝试，充满了新营销模式的玩法。然而，截至2014年10月，雕爷牛腩开业刚刚一年，就有很多人慕名而来，每天门庭若市，吃饭都要排很长的队伍，生意十分兴隆。为什么雕爷牛腩会这么火？

先来看看雕爷是怎么做的。

在传统餐饮中，菜单一旦定下来就很少会改动，而雕爷认为这与新营销沟通交流精神并不相符，不能满足消费者的内心需求。"如果粉丝认为某道菜不好吃，可能这道菜很快就会在菜单上消失。"雕爷表示，雕爷牛腩每个月都会更换菜单，菜单的更换一定程度上是由粉丝的体验、粉丝与企业沟通的结果两个因素决定的。

在雕爷看来，微博是用来与新消费者沟通、倾听消费者意见的平台，而微信是用来维护客户产生重复购买率的。比如，雕爷牛腩会通过微信将新菜品发给老客户，有图片、有文字、有口味描述。而这个不能在微博上发，以体现老客户的专属性，这是一种精准化的沟通。这不仅做到了用心与消费者沟通，而且兼顾了老客户内心的优越感和亲近感。

雕爷每天会花大量的时间盯着大众点评、微博、微信。只要客户有对菜品和服务不满的评论，他都会立刻反馈。比如，如果粉丝认为哪道菜不好吃，这道菜就可能会被新菜取代；粉丝在就餐过程中对哪里不满，只要提出中肯意见，就可以凭官微回复获得赠菜或者免单等优惠。

雕爷牛腩很重视"死忠粉"，经常为"死忠粉"提供优惠（免费试吃），并及时沟通听取他们的意见。雕爷形成了自己的粉丝文化：反对者骂得越狠，"死忠粉"越拥护。

另外，雕爷牛腩发放VIP卡也是与消费者沟通的一个手段。用户需要关注雕爷牛腩的公众账号，并且回答相关问题，通过后就能获得VIP身份。

雕爷不是仅仅与顾客通话，更不是每天发优惠券。雕爷牛腩用微博做导购和客服，用微信做CRM（客户维护），就产品和服务与消费者进行深度沟通。在微信和微博上发布广告，是通过营销和公关与粉丝进行深度沟通；建立粉丝文化，发放VIP卡，是通过增值服务与消费者建立深度沟通。雕爷之所以成功，除了产品自身因素外，最大的原因就是做到了深度沟通，抓住了消费者内心需求。

未来品牌的竞争，其实是对消费者"心"的竞争。在当今的营销环境下，如何将沟通进行到底，将客户体验进行到底，是营销成败的关键。与消费者有效地沟通，能够取得消费者的反馈，从而扬长避短，使企业产品和营销方式不断进步，满足客户的理性需求和内心情感需求。一旦消费者获得情感需求的满足，企业品牌就有了感性价值。这样，消费者对企业品牌的品质、层次、诉求对象的印象及情感倾向可能会和以前大不一样，企业品牌形象会更加生动丰满。

第二章
社会化营销：与世界对话

社会化营销就是长久地赚钱

社会化营销就是利用社会化网络、在线社区、博客、百科或者其他互联网协作平台和媒体来进行营销、销售、处理公共关系和客户服务维护及开拓的一种方式。

我们可以从一个小段子来分析社会化营销。

酿了酒自己喝，那叫日记；请朋友到家里喝，那叫博客；放在家门口让路过的人喝，那叫论坛；把酒放在广场上让大家喝，而且你还去喝别人的酒，叫微博。

由这个生动形象的比喻，我们可以延伸出社会化营销的几个要素：媒介（在家里、家门口还是在广场？）、人群（让谁来喝这瓶酒？）、目的（我为什么这么干？）。

社会化营销的媒介

社会化营销的主要媒介是社会化媒体。社会化媒体是人们彼此分享感受、观点、思想、资源并建立关系的在线平台。

社会化媒体的特点是每个人都可以创建、评论和添加内容。比如最近流行的Wiki（维基，任何人都可以编辑网页的社会性软件），每个人都可浏览、创建、更改文本，系统可以对不同版本内容进行有效控制管理，所有的修改记录都保存下来，不但可事后查验，也能追踪、恢复至本来面目。也就是说每个人都可以自主地按自己的观点对共同的主题进行写作，或对别人的文字进行评论和更改扩展。在同一网站进行写作的维客（Wiki的使用者），自然而然就形成了一个社区。

国内最常见的实用的社会化媒体包括微博、博客、微信、维基、播客、论坛、社交网络和内容社区这几大类。目前比较热门的有新浪微博（博客）、腾讯微博、维基百科、百度百科、360百科、百度知道、百度贴吧、天涯、猫扑、开心网、人人网、优酷、土豆等。

社会化营销的受众

由于企业产品和营销方式的不同，社会化营销的受众千差万别。如果你想要让营销取得一些真正的进展，必须到受众活跃参与的社会化媒体平台上去，与他们交流。

在营销信息传播路径中，有两个群体很重要。一个是意见领袖：有调查显示，10%的意见领袖创造了80%的原创帖，吸引了90%的点击率，意见领袖是能够最有效地把信息传播出去的人。另一个是易受影响群体：易受影响群体是潜在的消费者和传播者。

恰当地借势和引导这两类群体，才能有利于企业的发展和消费目标群体的扩大。

比如奥普浴霸，行销多年，但很多消费者并没有记住这个品牌。后来，一些隐性意见领袖在网络上讲述购买假奥普的事情，撰文描述奥普浴霸的特点，教网民如何选购奥普浴霸。结果奥普浴霸很快就被众多家庭知晓。越来越多的媒体关注这次打假浪潮，免费帮奥普浴霸进行宣传。奥普浴霸把意见领袖和品牌建设结合起来，来了一场大规模的宣传攻势，既打了假，又宣传了品牌，还获得了消费目标群体的认可，很多易受影响群体也成为奥普浴霸的购买者，可谓一次成功的社会化营销。

社会化营销的目的

社会化营销的目的不是即时地赚钱——甚至有的企业开始做社会化营销时是赔钱的，要从长远来看社会化营销的目的。

社会化营销能够整合不同渠道做营销推广，客户通过社会媒体能知道产品的使用结果和评价，并通过社会化媒体与其他消费者进行沟通，了解到真实的消费体验。这是一个让顾客参与进来的过程，让品牌可以聆听市场的声音、跟外面的世界产生互动。

社会化营销不仅仅是"销"，更重要的是"营"。如何通过"营"来树立一个社会化的品牌？具有正确的企业价值观，担负起企业的责任，成为社会化品牌，这才是社会化营销真正要做的。

社会化营销不是一个营销方案，也不是一个可以即时产生商业收益的活动。但是，通过正规专业的管理，从长远来说，社会化营销对品牌的财务回报率可以是很高的。社会化营销就是长久地赚钱。

社会化营销已经获得了广泛的关注和认可，越来越多的企业参与到社会化营销之中。社会化营销符合新的营销理念，能够更好地与消费者进行沟通对话。如果不能拒绝社会化营销汹涌而来，那就要学会在浪潮之中游泳。

社会化营销的三个致命误区

很多企业高管当然知道什么是社会化营销。毕竟社会化营销的概念早已出现，社会化营销的成功案例也不胜枚举。有的高管可能还知道，社会化营销如此强大的原因：能够与消费者直接沟通，满足消费者内心需求，放大口碑效应。但谈到如何做社会化营销、什么是成功的社会化营销、怎样把社会化营销做好等话题，不少高管就会觉得迷茫。尽管许多企业纷纷开通了官方微博和微信公众号，但是一些企业对社会化营销的认识依然存在几个误区。

误区一：社会化营销十分容易，仅仅是在网络媒体上发布营销信息

一直以来，人们在对社会化营销的认识上有很多误区，最大的误区便是认为这种在网络媒体上进行的营销活动十分容易、快捷且廉价。其实远不是那么回事。人们之所以对社会化媒体营销形成这种错觉，主要是觉得，只要注册了如微博、微信、论坛、贴吧之类的社会化媒体账号，把要发布的营销内容放到上面，内容便能够在很短的时间内获得快速的传播和互动。造成这种误区主要是因为人们在主流媒体上经常看到一些报道，说某种产品能够在社会化网站上"一夜爆红"，由此推断所有的营销内容都会在社会化媒体上快速传播，因此社会化营销特别简单，很容易做好。

参与社会化媒体的互动，不是仅创建一个页面、制作一个博客帖子、发布一个问题或者开设一个微博账户那么简单。你不能只"留下足迹"，然后期待着成功。[①]尽管将营销的内容放到这些社会化媒体网站上的确很方便，但是要使内容对广大受众有足够的价值，就必须做大量的工作，况且仅仅内容上有

---

① 参见［美］莉娅娜·李·伊文思：《社会化营销技巧与策略》（第1版），王正林、王权、肖静等译，北京：电子工业出版社，2012年版。

价值，显然还不够。

要想在社会化媒体上寻求成功，应该将你的资源和时间集中起来，构思一套行之有效的社会化媒体策略。仅仅是在媒体上发布营销信息，这甚至不能称为社会化营销。

误区二：社会化营销只需要公司的某一个部门

除了要明确知道受众是哪些人之外，你还需要考虑公司内部是什么人负责社会化营销。在一些大企业中，有很多人宣称比别人更适合做社会化营销，甚至外包商也宣称在社会化营销上更专业。

企业的公关部门自认为是社会化营销的负责部门，因为当前形势下营销和公关正在逐渐融合，而且在把握用户心理和沟通技巧上，他们都有无可比拟的优势。

企业市场部门的员工相信他们是社会化营销的主导部门，因为他们在设计营销信息上有足够的经验，而且营销也是他们分内的工作。

企业的IT部门认为他们是社会化营销的不二人选，因为他们懂得网络技术，能更好地进行网络平台维护。

外包商则宣称他们是社会化营销的最佳选择，因为他们做社会化营销的资源丰富，更具专业性和创造性。

但谁最有资格来负责企业的社会化营销呢？

千江有水千江月，企业情况千差万别，因而社会化媒体营销不存在千篇一律的方案。要想明确指出你的企业哪个部门最适合做社会化营销，真的很难。

最好的办法是不是从所有的部门中抽出一些人来，组成一个新的部门？还是你根本不觉得有特别合适的部门？其实问题的答案各不相同。无论企业选择哪一种方法，请记住要让公司所有的部门团结协作，同意并支持社会化营销。

误区三：单纯追求粉丝量与曝光率的评估标准

单纯追求粉丝量多与曝光率高，而不以具体效益为主的社会化营销是不可取的。粉丝多、曝光率高，充其量是我们制造的乌云，至于下不下雨，我们不能确定。粉丝多、曝光率高的社会化营销不一定会有好的效果。

比如某五皇冠淘宝店，为推广某产品，在微博上精心制作并发布了明星PS对比图。图片给许多人带来视觉震撼。这条微博一经发出，立即被许许多多粉丝疯狂转发。仅仅一周时间转发量就达近2.8万次，覆盖人次达500万。可惜虽然粉丝量众多，传播很广泛，但是并没有带来多少效益，成交量屈指可数。[1]

"单纯追求粉丝量和转发量是错误的。粉丝用处并不大，社会化营销是人的存在，必须要回归人性，通过服务来完成营销。"微众传媒CEO王震表示，粉丝并不等同于客户，粉丝成为购买者的比例非常低。许多粉丝只是看热闹的，仅仅捧了个人场，没有捧钱场。

早期，社会化营销把粉丝量多少、曝光率高低等当成重要内容和指标，那只能算是冷兵器时代。现在，数据化、精准化趋势才是真正的热兵器时代。

粉丝量多少，活跃度高不高，曝光率怎么样，都不应该是社会化营销的重要评估指标。最重要的评估指标应该有两类：（1）声量：多快、多远、多大范围传播；（2）参与：多少人、多少次、产生多少参与或购买次数和购买额度。其中第一类是传播的关键指标，第二类是成效的关键指标。

---

[1] 摘自刘敏：《粉丝不等同客户 微博营销怎么赚钱？》，《重庆商报》，2012年8月13日。

如果你正在实施或者打算实施社会化营销，请你擦亮眼睛，如果出现一些失误则可能使你的公司失去一些商誉和降低成功的几率。而如果你有一套社会化媒体营销的战略方案，同时又规避了以上误区，那么社会化媒体就可以帮助你的企业形成便宜又高效的营销助力。

社会化营销六原则

营销一定要花大价钱做广告么？显然不是。微信、微博、博客、社区、视频网站、搜索引擎……都已经为营销打开了新的窗口，很多的典型案例值得我们参考研究。这些社会化媒体固然有效，但也要小心管理，谨慎合理地使用。

那么怎样才能做好社会化营销呢？企业应该如何制定有效的在线战略来接近和吸引消费者呢？

企业要运用好社会化媒体营销，应遵循以下基本原则：

简单易参与是法宝

在策划社会化营销活动时，内容和理念不但要有创造性，而且要简单易参与。

前一段时间很火的"疯狂猜图"就是靠简单易参与的"分享到微信"功能，实现了下载装机量的爆发式增长，上线一个月下载次数过千万，成为社会化营销的生动案例。

著名服装品牌优衣库曾在中国内地推出与人人网独家合作的网上排队活动。参与者只要用自己的人人网账号登录优衣库官网，就可以选择一个喜欢的卡通形象，并发表一句留言同步到人人网"新鲜事"，还可以用这个小人和其他人一起，在优衣库的虚拟店面前排起一串长长的队伍。优衣库的社会化营销参与方式非常简单，只要登陆留言就可以了。优衣库负责人表示，这次排队活动不仅为优衣库在人人网公共主页上赚足了人气，而且在圣诞期间有效地促进了优衣库实体店的客流导入。

社会化营销的重要目的是快速传播信息。这就要求信息的传播方式必须具有简单、有效和易参与的特点。

品牌诉求要聚焦

在"眼球经济"越来越盛行的今天，品牌诉求一定要聚焦，树立一个高尚的目的来建立品牌资产，表达品牌诉求，品牌营销的效果才越好。

看看飞亚达是如何做到这一点的吧：飞亚达手表规定，所有的飞亚达消费者如果将六成新以上的旧表捐给希望工程的孩子，就可以六折优惠得到任何一款新的飞亚达手表。这样，飞亚达那些舍不得放弃旧表的老用户们，不仅可以以较低的价格更换新表，同时还可以向贫困山区的孩子们表达一份爱心，建立与受捐者的联系。飞亚达通过与希望工程的合作，不仅实现了对其庞大用户群消费潜力的深挖掘，使顾客在得到实惠利益和满足公益心理的情况下实现再次购买，同时也树立了品牌良好的社会形象。

内容创造就是"哇"

企业社会化营销，需要提供有价值和有创意的内容。内容要有创造力，能带来惊喜，要让受众有"哇，原来是这样"的感觉。

我们在微信和微博上关注的内容越来越多，每天接收的推送信息也很多，但是我们愿看的却很少，往往在上下班的路上就随手把一些觉得没意思的推送信息给删除了。

遗憾的是，许多企业在传递信息时还停留在推送阶段，只是简单地说明产品价格，当用户在未读信息上直接点删除的时候，传播过程就结束了。之前读到过一句话："企业和社会之间是价值共享的关系，与社群、社会以及消费群体共享的价值越高，企业被消费者认可的程度就越高。"

既没创意也没有价值的内容，是不会有人去分享的。

营销信息要互动和真实

社会化营销的最基本原则就是内容互动和真实。社会化媒体的受众是具有主观和感情倾向的人群，互动的成功最终还在于对话和信任。在社会化营销过程中，你的目的不是即时地赚钱，而是先与受众进行交流并建立信任。

很少有人愿意和冷漠的人或者骗子交流，你必须使你的营销信息带有互动性和真实性。要与受众就营销信息进行交流，分享有价值的信息，提供体贴的服务，提供价格上的优惠活动或者完完全全的免费试用，这些才是你要长久地去做到的。

长久持续地与客户进行互动和交流，客户的忠诚度才会越来越高，企业才最终会取得一个很好的口碑传播效果，而这就是社会化营销所能带来的切实利益。

后续延伸不能放，线上线下相结合

在与受众进行充分的交流后，企业会获得受众的反馈。不能简单地把这些反馈记下就完事了，而应把问题解决掉，把优点继续发扬。

企业在建立关系营销的过程中应该更加注重线下解决问题，建立企业与消费者之间的关系。打通线上线下两点，几乎就可以产生后续延伸的效果。因此企业在实施社会化营销方案的过程中，通常的操作经验是：后续延伸不能放，线上线下相结合。

不要把社会化营销当作唯一的渠道

尽管社会化营销潜力很大，但是企业仅仅用一种方式营销是不够的，社会化营销本身也有许多未完善之处。对一些"互联网难民"来说，他们很少或者根本不花时间上网，社会化营销对他们的影响就很有限。对于许多企业来说，传统营销也必不可少。举例来说，投放在高收视率电视节目上的一些广告会让公司迅速提高知名度，《华尔街日报》中的一篇文章可以把一家企业捧为市场的主角。在很多利基市场和垂直行业中，商业报纸和杂志可以帮助企业确立重要地位。

建立完整的营销体系，构建长远的营销策略，进行多元化营销、多渠道营销，对企业品牌的塑造和市场建设更有效。新的营销模式中，很难有某一种营销方式能够独立地支撑起企业品牌塑造的渠道了。

在社会化营销中，做到以上几点，才是真正地做到社会化媒体营销，才能最充分地获取社会化营销带来的收益。

五大优势带来低投入高回报

一直以来我们总是用这样那样的策略提升营销效果，包括各种各样的营销模式或者营销平台，比如知名站点、搜索引擎，甚至包括手机APP推送的广告等。我们总是想把企业品牌知名度、影响力不断提升，把产品转化为利润。但是营销的投资回报率常常达不到预想的效果，这就使我们不得不谨慎地选择营销方式。当我们在一边反思着传统营销的种种问题，一边睁大眼睛寻求新的营销方式时，请不要忘记社会化营销的种种优势。

社会化营销将用户变成忠诚粉丝①

社会化营销的内容能够非常精准地传给受众，具有较强即时性和准确性，能够把一些"打酱油"的浏览营销信息的受众转化为粉丝。

小张前段时间在网上偶然发现一家户外运动装备的营销广告特别有意思，而且产品新颖时尚，就通过社会化媒体站点分享到了朋友圈。小张的朋友小李是一个资深驴友，在朋友圈看到小张的分享后觉得真是不错，就买了一套这种装备并分享到朋友圈。现在，小李的驴友们好多已经买了这种运动装备。朋友之间互相传播，就是社会化媒体的口碑效应。

在口碑效应下，某些站点的内容可能迅速传播到数以千计的新用户，长期坚持合适的社会化媒体营销策略，新用户就可能变成忠诚的粉丝。

增加网站流量和注册用户

传统的网络营销是以信息上网为特征的，企业以往的模式是通过在官方网站或者垂直门户的营销板块发布营销信息，或者通过关键词搜索，由搜索引擎带来相关的流量和点击。普通网民除非有所需求，否则不会特意去关注这些网站。

社会化媒体的出现改变了这一现状，许多网民从朋友圈或者是微博微信看到企业营销信息，然后进入到企业网站。社会化媒体上的用户流量可以直接转化为企业官方网站的流量，而且可以通过企业在社会化媒体上的信息服务和互动来发展注册用户。

社会化营销拉近与消费者的距离

无论某个朋友圈或微博圈是不是营销对象，在进行社会化媒体营销时，

---

① 《社会化营销不得不提的几个优势》，http://www.admin5.com/article/20141002/564755.shtml，2014年10月。

如果足够重视圈子中的每个成员，能够花时间回答他们每个人的问题或反馈，就能够拉近与受众的距离，可以与圈子中的朋友建立稳固的关系。即使在那些与你的公司、品牌或服务无关的圈子中，也可能会有人对你和你的产品感兴趣。由于在线口碑营销的作用，如果你真正给那些定期与你交流的受众留下了好印象，并且让他们了解你的产品，那么他们一定会将你推荐给正在寻找相关产品或服务的朋友。

社会化营销增加品牌声誉

企业要想实现营销带来的长久收益，一个很重要的前提是拥有良好的品牌形象。良好的品牌形象，是一个企业长久发展下去不可或缺的资产。社会化营销过程中，企业可以很好地与消费者互动，对消费者的困惑和怀疑作出合理解释。这样能让消费者快速了解企业的价值观和社会责任感，增加企业的好评度和无形资产。比如蒙牛的"牛奶的力量"营销，采用辟谣、科普加指导的模式，挽回了牛奶行业的声誉，也为自己企业形象加了不少分。

减少整体营销投入并提供高回报

一些大企业可以将大笔资金投入各种营销，但是也有一些企业营销预算较低，这就需要他们用省钱的方式去实现同样的目标，相对来说，社会化媒体营销就是低投入高回报的营销投资。比如我们在各类网站上购买成百上千个外链，可能会花费很多成本，传播速度也未必很快，而社会化媒体是一个活跃的圈子，传播速度很快。社会化营销应用得好，企业的整体营销预算会大大减少。

企业为了开拓新用户，同时提高老用户的忠诚度，营销推广将更多地向社会化媒体营销倾斜。社会化营销日益成为企业营销中不可缺少的一环，越来越多的行业开始使用社会化营销，这也是将来营销的一个大趋势。

　　社会化营销强调对话：企业和受众对话，受众和受众对话，受众和非受众对话。企业通过对话进行产品销售和品牌推广。社会化营销，符合现在营销情感沟通的理念。

　　社会化营销的浪潮汹涌而来，如何处在浪潮之巅，而不是被浪潮吞没，这是企业和个人都必须面对的现实和挑战。

第三章
社会化营销标准重塑

  "听了很多道理，依然过不好这一生。"电影《后会无期》的这一句台词，让我联想到社会化营销这件事。市面上讲社会化营销的书籍随处可见，甚至一些专家鼓吹社会化营销无所不能，但是一些企业听了很多社会化营销的"道理"，却依然没有做好社会化营销。

  这些企业除了方法可能不对之外，最根本的原因是它们并不适合做社会化营销。社会化营销并不是对所有企业都适用。

  我有一个做刀具生意的朋友，前段时间和我聊天时，提起社会化营销在当今十分流行，他自己也想赶赶时髦，征求一下我的意见。我在了解了他公司的详细情况后，明确告诉他，他的公司确实不适合做社会化营销。

  我首先和他分析公司产品的一些特征。刀具使用年限很长，一般客户买了一把刀之后，恐怕很长时间不会买第二把了。如果两三年之后这把刀坏了，客户再买一把，又可以用上两三年。另外，社会化营销必须保证产品有差异性，朋友店里的刀具市面上很常见，想要把这种产品迅速传播也不大可能。而且他的产品能够和客户互动的地方确实也不多，因为除了刀具外，公司不卖其他产品和服务。刀具在使用过程中磨损和毁坏都是不可逆的，没有太好的修理办法，所以几乎不存在售后和维修问题。至于客户反馈的环节，很少有人买了把刀会将体验写成微博或者微信的。

朋友听完我的分析之后，也觉得自己的产品不太适合做社会化营销，就放弃了这个想法。当然，如果朋友非要赶一下时髦，那也无可非议，毕竟社会化营销也可以正面宣传一下公司形象，但是在投入和收效上，会不成正比。

事实上，有很多企业在看到他人做社会化营销取得了不错成绩后，就盲目跟风，完全没有意识到自己企业的基因和社会化营销的特点并不契合，结果往往是钱花了，效果却不明显，甚至还有负作用。社会化营销是在管制宽松的环境下进行的，用户可以享受匿名的自由。网民很容易利用社会化媒体，发表"某某产品制作方法""某某情况解密"等言论，而且这些文章在各种各样的媒体平台上会广泛传播。企业在做社会化营销的时候，不要不假思索就进入。特别是一些具有技术垄断性或者有专业特殊性的企业，如果做社会化营销，不但不会有太大效果，甚至会对知识产权造成一定的损害。

社会化媒体是一个耗时间的营销渠道，想要利用它即时收到效果的企业要仔细考虑。另外，社会化营销并不像一些企业想象的那样简单，而是需要投入相应的人力和资源，需要在一个恒定的基础上把你的产品投放到访问者的生活中，并和他们进行互动。因此你必须培训员工、检测品牌，并应对客户提出的每一个问题，这是一个苛刻的要求。

总之，企业在做社会化营销之前，首先要问一下自己，自己的企业是否适合做社会化营销，做社会化营销需要什么样的投入，会给自己带来什么样的收益。

那么，判断企业是否适合做社会化营销的具体标准是什么？哪些企业适合做社会化营销呢？

结合社会化营销互动性高、关系网状化、传播速度快等特点，判断一个企业适不适合做社会化营销，大致有以下五条标准：

（1）企业产品差异化程度高。

（2）客户体验对营销效果影响大。

（3）需要用户反馈来提升产品。

（4）产品有快速传播的需求。

（5）企业品牌争议话题多。

社会化营销虽然是最热门的营销方式之一，但这并不代表任何企业都适合社会化营销。企业如果满足了以上五点，就适合用社会化营销来发展。

标准一：企业产品差异化程度高

特斯拉为什么能在巨头林立的汽车行业取得令人惊叹的成绩？为何Fisker（菲斯克）等先驱纷纷倒下，而唯独特斯拉能够存活并且飞速发展，还被誉为"汽车界的苹果"？

首先，特斯拉的血液里流着硅谷的基因，它将互联网的思想引入到汽车生产中去，成功颠覆汽车传统，造出一辆市场认可度极高的纯电动车。它没有发动机，却拥有超过法拉利的速度，不需要加油，一次充电能行驶长达502公里。

其次，它很好地利用了社会化营销。在特斯拉的官方网站上有个爱好者的专区，分别有"博客""用户故事""论坛""图片和视频""活动通知"等板块内容：官方"博客"发布企业最新的动态；"用户故事"让真实的用户来展现使用体验；"图片和视频"展现每一个细节让用户感受；"活动通知"主要是用户在线下体验，通过论坛让用户讨论交流体验和使用中的问题，官方也可以在上面给用户提供解决方法。它让你觉得拥有一辆特斯拉就是时尚，就是酷。

特斯拉目标客户圈子相对比较集中，这类对科技感有尝试热情的新贵们总是在他们自己的圈子里交流。有一个人买了特斯拉，这会成为一个圈子的时尚话题；当有很多人都买了特斯拉时，这又成了圈子里的标准配置。所以在那个圈子里，汽车逐渐就只分成了两种：一种是特斯拉，另一种是其他。而当在核心用户圈内普及之后，它又能产生新的辐射势能，影响、吸引更多的用户。

特斯拉的成功靠的是差异化的产品、优质的服务加上恰当的社会化营销策略。

相对一些知名汽车品牌，特斯拉的性价比还是比较低的。特斯拉这样的企业如走传统营销之路，在4S店里靠价格策略与其他汽车进行竞争，是不会有如此好的销量和知名度的。

特斯拉的营销模式给人们带来了思考：为什么产品差异化程度高的企业更适合做社会化营销？

产品特点需要互动体现

产品的差异化本质是在满足顾客基本需要的前提下，推出具有较高价值和创新特征的产品，以独特个性争取到有利的竞争优势地位。产品独特的个性特点要推广出去，就要得到用户的关注。例如特斯拉通过官方网站与受众进行沟通，使受众充分了解它的特性。企业除了要发布信息外，还要和受众互动，互动的次数越多，产品就被了解得越详细。

社会化营销的特点就是互动性强，它的平台无论是微博、微信，还是社区，交流都很充分。社会化营销通过多样化的资源链能够让品牌与用户进行更加深入的沟通。

人们更喜欢传播新奇的产品信息

人们寻找新奇事物的本能，对差异化产品在社会化媒体上的传播具有很大作用。网络上商品信息泛滥，人们对一些陈旧的普通的产品信息很难再提起兴趣，而一些新奇产品的信息往往会更迅捷地传播。社会化营销媒体作为信息传播渠道，为产品迅速传播打下了基础。

营销目标是精准的圈子

差异化程度高的产品往往针对性较强，营销目标是具有某种兴趣或特质的人群。这类人群很容易在网上的各大论坛、社区、朋友圈中聚集，形成一个个的圈子，比如"登山吧""驴友会"等。社会化营销可根据这些圈子所呈现出来的特性制定营销策略，从而通过这些圈子中的一个或多个成员对品牌起到强大的推广作用。

社会化营销能够以圈子为资源交流平台，利用口碑、实效互为支持的营销新方式，实现产品的精准营销。

产品差异化程度高的企业适合用社会化营销来发展。社会化营销的特质能帮助企业突出自己的产品特点，使产品信息快速传播，并与营销目标形成关系链。

标准二：用户体验对营销效果影响很大

体验是当一个人达到情绪、体力、智力——甚至是精神的某一特定水平时，在意识中所产生的感觉。对于一些企业来说，用户体验非常重要，比如一些餐饮和娱乐企业。

尽管"舌尖上的浪费"已成为众矢之的，但是，国人对于"吃"的热爱仍然是难以割舍。对于国人而言，"吃"不仅是必需的，还是一种文化体验。娱乐行业同样如此，我们去电影院、KTV、游泳馆，不仅仅是为了唱歌、看电影、游泳，更多的是为了得到快乐、锻炼、休闲的情感或场景体验。

"以用户体验为王"的企业非常适合社会化营销，而且在社会化营销发展的这几年中，社会化营销也体现出了可以捕捉和提升用户体验的优势。

以星巴克为例。星巴克不仅仅为顾客提供可口的咖啡，致力于顾客体验的建立，而且致力于用社会化营销来传播和体现它"以顾客的体验为核心"的文化。星巴克的咖啡文化和社会化营销已经为星巴克积累了忠实的客户。

2013年，星巴克开启"自然醒"活动：互动式推送微信。营销方式是通过一对一的推送，品牌可以与粉丝开展个性化的互动活动，提供更加直接的互动体验。当用户添加"星巴克"为好友后，用微信表情表达心情，星巴克就会根据用户发送的心情，用《自然醒》专辑中的音乐回应用户。

星巴克在实施过程中首先从全国的门店开始，让经常光顾星巴克的顾客先成为星巴克微信公众平台的粉丝，然后再利用活动等方式让粉丝自主推荐给自己的朋友，让星巴克微信公众平台的粉丝数量在短时间内爆增。

在这次社会化营销活动中，星巴克一方面牢牢粘住了所有老客户，一方面也获得了游荡于各种咖啡厅之间的客户的关注，在营销推广方面也起到了事半功倍的效果。活跃的目标人群粉丝让星巴克的微信公众平台越来越火爆。

星巴克利用社会化营销成功的案例不是个案，它无疑给一些体验为王的企业开了个好头。以客户体验为特色的企业生存最大的法则，在于抓住客户的情感，和顾客有更多情感上的交流。星巴克的社会化营销之道告诉了所有以体验为卖点的企业，用社会化营销可以轻易实现这些东西。这些企业要一手抓产品和服务，一手抓营销推广，两手都要硬，把体验做出来，卖出去。

星巴克是个以客户体验为生的企业，咖啡只是它的载体，它卖的是一种感觉、一种文化、一种情结、一种生活。星巴克这类产品是十分适合实施社会化营销的。

标准三：需要用户反馈来提升产品

对于一些没有完全成型或者是还希望做得再好一点的产品来说，获得用户的反馈和参与，尤为重要。

需要用客户反馈来反复修改、提升产品的企业，特别适合实施社会化营销策略。企业实施社会化营销可以更及时、更容易地获得用户反馈。

很多企业有官方微博、微信和SNS，这些社会化媒体是企业进行社会化营销的基础，也是企业收集用户反馈的最好途径。企业在和客户沟通过程中可使用微信号或QQ号，这些工具的好处是能快速得到用户反馈。因为借助即时通信工具，用户在使用过程中遇到问题时，就能立刻给出反馈。比如，我在使用飘柔产品过程中遇到了一些情况或者有疑问，我就会打开微信找到飘柔的微信公众号"飘柔Rejoice"，进入聊天模式，在真人版对话中告诉传说中的

"小飘"，我遇到了什么样的情况。因为我加了她的微信公众号，而她的公众号有聊天功能，所以我会及时把一些问题反馈给她。

以前企业收集用户反馈的方法是打电话，发放调查问卷。这些方法费时费力，企业只能得到少量用户的反馈。而通过社会化营销去收集用户反馈则会简单容易，只要在互动网站上增加个评论或投票模块，就能收集大量的用户反馈。对企业官方微博的评论，也是客户反馈的一种。比如淘宝客户评价机制，客户对购买的商品进行评价，可以获得一定积分。许多消费者，在收到产品后的一段时间内都会去评价、打分。许多网店的评价达到了几万条，这些评价之中有许多是用户真实需求的反映。

企业得到用户反馈以后，怎样分析利用也是一个重要的问题。有些企业对得到的反馈置之不理，造成产品不符合客户需求的情况；有些企业得到了很广泛的用户反馈，却面临设计产品时束手束脚没有头绪的局面。企业利用社会化营销可以更好地处理用户反馈：从海量的反馈和数据中，发现用户需求、衡量用户的预期、校验产品。

企业在社会化营销中实时的监控和定期的数据分析是必不可少的。在进行社会化营销时，让一套监控机制来服务，帮助找到相关问题和相关人物。哪些客户在社交网络上提到了企业的产品问题？客户对品牌的评价如何？哪些客户提到了企业的服务问题？企业可以找到这些反馈，并加以回应。同时，关于社会化营销的定期报告和总结也是推动企业处理用户反馈的关键。社会化营销可以使用一些专业的分析检测系统，实时监测分析数据，这样会让监控分析事半功倍。

企业需要运用社会化营销来建立监控和反馈机制，采取技术手段支撑，来实现对用户反馈的深度处理，提升自己产品的品牌形象。

当然，有些企业是不需要用户反馈的，它们生产什么，用户只能要什么，例如一些局部地区的完全垄断性企业；对有些企业而言，客户反馈不那么重要，因为它们在长期发展过程中形成了已有的文化和固定的产品以及销售渠道。不是所有企业都需要用户反馈，但是如果你的企业需要用户反馈，你的企业就需要社会化营销。

标准四：产品有快速传播需求

演员或者歌手被电视台封杀，此类事情可能并不让人感觉奇怪，让人吃惊的是英国和美国的电影院先后发出声明要封杀一款眼镜。

被封杀的眼镜叫作谷歌眼镜。

2014年4月谷歌眼镜开卖。6月，谷歌的My Glass应用商店正式上线Live stream视频分享应用。安装该应用的谷歌眼镜佩戴者只需说"OK，Google Glass开始直播吧"，即可把他的所见所闻免费分享给Live stream里的其他用户。

因为担心电影被盗版，2014年10月29日继英国之后美国影协正式封杀谷歌眼镜。一些餐厅、酒吧、KTV也明确禁止佩戴谷歌眼镜者进入。谷歌眼镜被封杀，从另一层面说明了它已经被广泛了解，并被广泛传播。

可能一些人因为经济原因没有买谷歌眼镜，但是关于谷歌眼镜的新闻已经铺天盖地了。从传播速度上来说，谷歌眼镜绝对是成功的。

为什么谷歌眼镜能够迅速被传播呢？这与它的营销方式有很大关系。

是谁说谷歌是理科生、是极客，只会埋头写程序、做研发，不会搞营销？至少谷歌眼镜的营销造势，就让人赞不绝口。

首先，从2012年年中开始，谷歌联合创始人谢尔盖·布林走到哪就把谷歌眼镜戴到哪，每一次公开场合的出现，这款眼镜都会引起一番话题的探讨、概念的传播。

其次，谷歌公司征集开发者和用户开会，为该眼镜创造更多更好玩的应用，提升它的使用价值。这又形成一轮传播。

同时，谷歌公司在社会化媒体上发布一些视频与图片，表现该眼镜在不同场景下的使用效果。比如美国捷蓝航空在Google+上放出的应用图片显示：如果乘客戴谷歌眼镜乘坐飞机，旅途会如何变得更方便、舒适，尤其是在那些乘客不太熟悉的机场。它还联合NBA，依靠位于球场各个角落的人（比如教练、球迷、吉祥物、啦啦队员等）所戴的谷歌眼镜进行直播。这些直播镜头也会发布在各种网站上。

而且，谷歌还欢迎任何公司与个人在Twitter或Google+上，以"如果我戴谷歌眼镜"为标签，以文字、图片和视频形式畅想佩戴该眼镜的使用感受与应用情景。

这些社交媒体上的内容一再刺激大众对谷歌眼镜的好奇与向往。那些对新技术、新产品具有敏锐感觉与亲近感的公司，非常愿意搭车来为自己与谷歌眼镜做宣传，并在自己的圈子里传播。

谷歌眼镜的营销很好地体现了社会化营销的互动性强、多平台发布、依靠圈子进行传播的理念，并取得了很好的传播效果，满足了谷歌新产品快速传播的需求。

企业快速传播的需求和社会化营销的特点是相契合的。社会化营销的互动性决定了它的传播特点是发散的、具有N方效应的。比如说你看到了一个有价值的消息，将之发到你的朋友圈里，这就实现了1对N的传播，N个人再发到N个朋友圈里，这就实现了传播的N方效应。社会化营销强调的是对话，特别是受众与受众的对话。在受众与受众对话过程中实现信息传播，这种传播方式不仅传播快，而且更容易被接受。

如果你的企业属于新兴产业，需要被大众所了解，或者企业有新型的产品信息要被目标人群所获悉，或者企业有快速传播的需求，那么你的企业是适合做社会化营销的。社会化营销会带来及时、广泛的传播。

标准五：企业品牌争议较多

品牌是对一个企业综合能力的整体概括，不但包涵企业的产品、质量信息，也包涵企业的服务宗旨，还反映企业文化。通过品牌，企业能向它的消费者表达一种整体的、区别于其他企业的形象，以增强消费者对企业的感觉和认知，并最终与消费者达成一种心理上的共识，让消费者喜欢它、记住它、购买它。

品牌几乎浓缩了企业的全部精华，企业的品牌形象是直接关系企业成败的核心竞争力。企业构建一个良好的品牌形象，避免不必要的争议和负面新闻，能直接提升企业在市场上的竞争力。因此对那些品牌形象争议较多的企业来说，做好品牌维护和品牌营销是十分必要的。

如何才能减弱品牌的争议声音，引导争议向有利的方向发展？什么样的营销适合企业的品牌发展呢？我们先来看看奇虎360的做法。

奇虎360一直是一家争议话题较多的互联网企业。360杀毒软件曾被一些人称为"流氓软件"，奇虎360总裁周鸿祎亦是个富有争议性的人物。

然而广大网民却是支持奇虎360的，360杀毒软件是目前国内下载使用最多的杀毒软件。今天安全软件市场产品很多，免费的也不少，为什么广大网民会选择360品牌呢？这和奇虎360的品牌营销策略有关。在"3Q大战"中，我们可以明确看出奇虎360的营销和公关策略。

早在2010年春节前后，腾讯利用假期速推"QQ医生"抢滩360市场，周鸿祎守阵阻击，这时双方就已经产生矛盾。后来腾讯宣布推出"QQ电脑管家"，功能设计与360安全卫士极其类似，再次抢滩；随后奇虎360公司在9月27日推出"360隐私保护器"，爆出"QQ隐私门"，双方开始互相抹黑对骂。随之而来，还有奇虎360推出"扣扣保镖"和各自拉拢阵营等攻防战。终于，2010年12月27日腾讯以一纸声明的形式做出"艰难的决定"："我们决定将在装有360软件的电脑上停止运行QQ软件。"这一事件历时近4年至今仍旧余波未平。

奇虎360总裁周鸿祎不仅开通了博客和微博，还频繁出现在各种社会化媒体上，获得了大量粉丝。他抓住网民大多同情弱者的心理，在微博上多次调侃360是"屌丝"，腾讯是"高富帅"，获得了舆情的支持。

在腾讯"做出艰难的决定"后，奇虎360首先站在用户立场上，保证其软件能和QQ同时使用，然后又说"搁置争议""让互联网平静下来"等等，始终和广大用户站在一块。这一举措把奇虎360塑造成为保护用户隐私安全、敢于挑战互联网巨头的英雄。

这种"坚持正义的英雄"的品牌定位通过社会化媒体广泛宣传，获得了广大网民的支持。根据环球舆情网《腾讯与360之争网民态度调查报告》显示：在被问及"这两个软件你会选择谁"时，有73.6%的网友支持360。

从"3Q大战"事件中可以看出，奇虎360的社会化营销策略非常成功，巧妙地把品牌"好斗"的争议成功消除了。在做好产品的基础上，奇虎360利用社会化媒体进行品牌建设，很精准地配合着自己当时从中国末流互联网公司向中国一流互联网公司的跨越式飞奔。

从奇虎360品牌的社会化营销中可以看出，要快速消除和引导品牌的争议，就要整合品牌与消费者间的所有接触点，尤其是那些对消费者具有超强影响力的各种公共媒体接触点。

社会化营销恰好有这样的优势。社会化营销能帮助企业进入受众的圈子，融入到他们的日常生活中，亲自感受和体验他们的状态和想法。当你和你的受众水乳交融的时候，你就会明白品牌争议是怎么来的、争议焦点在哪、受众的心理是什么样的。

通过社会化营销，企业顺应消费者的需求，才能让自己的品牌真正得到消费者的认同与信赖。企业应使这种社会化媒体上的沟通，潜移默化地归于一种精神层面的交流（人际关系），而不再是商业层面的关系。如果企业把这一切做得很好，那么，它的消费者们将非常乐于自发地、口头地去传播它的（消费者已经当成是自己的）品牌，其口碑将从网络世界传回现实世界。这时，企业的品牌传播也许将达到一种新的境界。

社会化营销，拥有开放的媒体平台，各种渠道可以通过这个平台，增进相互之间的了解。你的心态如果足够开放，甚至可以允许竞争对手和你一起，参与到与消费者的沟通当中。社会化媒体使企业站在了受众的对面倾听他们的心声，这无疑是一件好事，因为这能使包括企业自身在内的所有参与者，不再只考虑自己的利益和看法，而是大家一起讨论企业发展中的争议问题、解决办法和发展方向，共同促进企业健康长远的发展。

凡是能满足以上5条标准的一个或者几个的企业，是适合进行社会化营销的。利用恰当的社会化营销策略能帮助企业在产品传播、用户粘性、品牌建设上有所收获。

社会化营销现在还处于发展阶段，有它自身的优点和不足，企业应该谨慎审视自己的企业文化和企业特点是否和社会化营销的特点相契合。好的企业能够了解各种营销方式，努力适应营销方式的特点，在合适的地方选择合适的营销方式，最大程度提升营销的价值。仅从这点来说，所有的企业都是可以运用社会化营销策略的。

对那些因为自身的发展定位或者其他原因在社会化营销中水土不服的企业来说，一定要懂得顺势而为，多关注营销模式，多关心行业信息，多了解媒体变化，这样才能做到不断推陈出新，找到适合自己的营销模式。

第二部分
构建360度微资源生态圈

第四章
解码360度微资源生态圈

新媒体平台：微资源

微资源，即各种移动互联平台资源。微资源原本指的是微博大号、微信公共账号或名人明星、草根达人、知名企业的账号资源。随着APP等应用程序的普及，微资源涵盖更多更广泛的领域，免费的在移动互联平台上共享的资源均可称之为微资源。

中国互联网络信息中心发布的2014年《中国互联网络发展状况统计报告》表明，2014年中国手机网民规模已经达到5亿，相比2012年年底大约增加了8009万人，所有网民中，使用手机上网人数约占到81%左右。相关机构调查显示：2014年上半年中国移动互联网用户平均每天的有效媒体接触时间为5.8小时。其中，利用手机和平板电脑上网时间总计达到146分钟，占42%，远远超越PC互联网（100分钟，29%）和电视（60分钟，17%），并且已经接近PC互联网与电视媒体的总和。移动互联网已经在娱乐、信息获取和沟通三大应用领域超越PC互联网，手机购物、移动金融等或将成为未来几年爆发性的增长点，中国移动互联网正式进入"全民移动"时代。

全民移动时代的来临，标志着微资源的成熟。

微资源是权威的互联网资源，有广泛的受众和迅速的传播能力，对社会化营销有着重要意义。

微资源是现在最为前沿的社会化营销平台，企业通过微资源的相关认证后，就可以使用它对企业的产品和品牌进行宣传。相比传统营销的单向传播模式，微资源传播信息更加快捷和精准。

微资源有着移动营销的优势，企业不仅可以借助微资源向移动客户营销，还可以把它作为管理用户信息的平台。对一些企业来说，微资源好比是移动互联网上的"电子名片"，具有重要的战略意义。

在中国微资源的用户超过5亿，它能够为商家提供最广阔的营销平台。它所带来的互动营销方式是未来营销的主要方向，商家可通过微资源与用户保持随时随地的沟通，通过沟通改善产品质量和品牌形象。微资源在社会移动互联网时代真正拥有大能量。

市场上已经出现众多的微资源产品，如微官网、微旅游、微酒店、微汽车、微房产、微电商、微服务、微生活、微医疗、微会员等，这些微资源和服务让企业和消费者有了更多的选择。微商店、微支付、微团购等产品的切入已经证明其强大的爆发能力。

众多的微资源产品是移动互联网的多重入口通道，是移动互联网的正大门，并可实现权威门户直达功能。用户通过移动终端能够随时随地查询到企业的联系方式、产品信息、促销活动或者售后服务说明，企业也可以借助微资源吸引更多用户对自己企业进行关注和了解。微资源为商家和消费者沟通提供了新的渠道，必将成为社会化营销的重要手段。

　　微资源作为移动互联网上的重要营销手段，是企业重要的沟通渠道和品牌资源，同时，它本身也是一种稀缺资源。企业应该像对待商标和域名一样将微资源进行注册认证并充分应用，谁抢占入口，谁就占领先机。抢先进行微资源整合的企业将获得持久的竞争优势。

　　微资源的认证和应用花费很少，在带来巨大利润的同时，能减少企业的营销预算。在社会化营销中，微资源带来的目标客户范围也更加明确。

移动互联网打造生态圈

　　在《倚天屠龙记》第二十四回中，张三丰将新创的太极剑法传给张无忌，让张无忌现学现卖，去和赵敏手下的"八臂神剑"东方白较量。张三丰将太极剑羚羊挂角地演示一遍，问张无忌记住多少，张无忌想了想说，忘记了一半。接着张三丰又行云流水地表演了一遍，招式竟和前次完全不同，又问张无忌还记住多少，他说还有三招没忘……这么教下去，直到张无忌说全忘记了，张三丰才点了点头道："不错，不错！忘得真快，你这就请八臂神剑指教罢！"

　　接着张无忌就以这套已经忘记招数的剑法，用一柄木剑去斗东方白。只见"一柄木剑在这团寒光中画着一个个圆圈，每一招均是以弧形刺出，以弧形收回……始终持剑画圆"，最终张无忌打败东方白，取得了胜利。

　　张无忌忘记招式，却领悟了太极剑的思想和意境。其实招式并不重要，关键是对招式、功夫的理解，这样才能真正通达武功精髓。若张无忌只记住招式，便会处处拘泥于张三丰所教的套路，没有发挥的余地。功夫若是没有了自己的思想，遇到高手便会一触即溃。

成功的社会化营销一招一式不可能千篇一律，企业自身的特点也不尽相同。想要做好社会化营销，就要抓住社会化营销的精髓。

社会化营销的精髓在于移动互联网思维。

移动互联网思维，是一种多维网络状的生态思维。在这种生态思维下，个体作为节点彼此连接，形成大小不同的生态圈。

移动互联网的节点是指互联网在传播过程中的传播者和受众，比如企业、活跃用户等。这些节点之间相互连接，连接的节点形成圈子。圈子与圈子之间也彼此连接，形成更大的圈子或系统。比如汽车爱好者的圈子和汽车生产商的圈子连接到一块，形成"汽车之家"这样的新圈子。

圈子本身是通过节点相互连接而成，圈子有大有小，无论圈子大小，都可以形成内部良性循环的生态圈。论坛或者贴吧有专门的人员管理，不断有新人加入，有新话题讨论，这都是生态圈可持续的表现。

所有的生态圈中都是平等的，没有高低轻重之分。企业的生态圈不能凌驾于消费者的生态圈之上。几个生态圈连接到某一个生态圈上，这个生态圈就成为一个临时的中心。临时中心和其他的生态圈是平等的，当作为临时中心的圈子与其他的圈子断开时，这个圈子就成为普通的圈子。比如，当企业发布产品信息或者新闻时，消费者形成的圈子和媒体形成的圈子都围绕它连接，企业生态圈就成为了临时中心，当信息发布结束，消费者和媒体不再密切关注它的时候，企业生态圈就不再是临时中心。

所有生态圈在这个生态系统中都应该是朋友，是一种交流、沟通、信任的关系，而不应该是利用、怀疑、欺骗的关系。就像一些原始森林的植被群，乔木、灌木、菌类各有各的功能，并构成完整的植被生态系统。圈子内连接良性循环，互利互惠；圈子与圈子的连接也互利互惠，否则，就无法产生连接。

生态圈是一种进化的朋友圈，体现在社会化营销的许多方面。企业营销的目的是把产品卖给各种各样的圈子。社会化营销的目标是让这些圈子更大，连接更紧密。

企业必须使自己的生态圈和其他生态圈彼此连接。企业在把自己的生态圈做好的前提下，要注重与消费者、意见领袖、媒体等圈子的连接。这种连接在符合生态规律的前提下，能够进一步强化企业圈子的连接强度，增加信息传播受众。

我们以小米手机为例来解读生态圈的连接。

小米手机通过移动互联网工具，将所有的粉丝和用户连接起来，形成"米粉"，这是消费者的生态圈之一。小米手机通过消费者的圈子，与"米粉"更好地交流信息。如果小米手机质量好，沟通及时顺畅，"米粉"的圈子就会越来越大。小米手机拥有的企业文化越好，企业圈子与消费者圈子连接强度就更高。

"米粉"的分享有很大的影响力，新用户的数量也会进一步增长。这样，就算"小米科技"圈子不做广告、不做推广，单凭用户口碑就能让用户连接不断强化、不断扩大，这就是一个良性循环。这个手机圈子就是一个良性循环的生态圈。

小米企业和用户形成生态圈后，还能够再扩展，与其他生态圈进一步发生连接。例如，小米还与电商圈、媒体圈、软件分发圈、应用市场圈等各种其他圈子相连接。

小米与软件分发圈发生连接，一些软件分发圈提供的软件能够很好地提升用户体验。或许有人因为小米手机上的某种软件而选择小米。同样这种软件也会因为小米手机使用者众多而增加下载量。

小米手机圈、消费者圈、媒体圈、应用市场圈等构成的大生态圈，进一步与其他地区和国家的大生态圈彼此连接，形成更大的生态圈，也是更大的利益共同体。小米手机也因此更加畅销。

生态圈的彼此连接又能形成更大的圈子。最后，更大的圈子与其他更大的圈子彼此连接，形成超级圈子。从某种意义上说，移动互联网本身就是一个超级生态圈。各种生态圈帮助社会化营销更近更准更迅速地传播信息，拓展新的消费者。

360度微资源生态圈的"三纲五常"

构建360度微资源生态圈体系，需要注意许多方面，我总结了一些规律和模式出来，简称"三纲五常"。

"三纲"：品牌以定位为纲；文化以价值为纲；服务以用户为纲

定位不仅仅基于产品本身，而且基于消费者对品牌的认知。例如消费者对奇虎360的认知是它是一个以杀毒软件为主的网络安全公司，所以360手机就不能算是真正的品牌延伸。水井坊成功的关键在于它的定位：最贵的白酒。一个国家有定位，地区有定位，公司、企业也有定位。像茅台和五粮液这些大品牌生产的高档白酒，消费者本能地就容易接受，因为消费者已经习惯把茅台和五粮液当作高档白酒品牌了，茅台和五粮液甚至不用大做广告，只要广告中有一个和产品有关的故事就够了。以定位为纲，能树立良好的企业和产品形象，提高品牌知名度、美誉度和特色度，最终达到将有相应品牌名称的产品销售出去的目的。

品牌定位的背后是企业文化，而企业文化要体现企业价值。例如可口可乐真正的品牌价值并不在于其代表着美国文化，而在于它代表"真正的可乐"；肯德基的价值在于它代表"西式快餐"，甚至就是代表着快速餐饮。这才是这两个品牌真正的价值。假如大火一夜之间烧掉这两个公司的话，银行争相贷款给它们，抵押品不会是美国文化，而是可口可乐代表了可乐，肯德基代表了西式快速餐饮。只要世界上人们仍然喜欢喝可乐，喜欢吃西式快餐的话，可口可乐和肯德基就能继续红火下去。

要想用户掏钱包，首先要抓住用户的心，用户的需求就是市场的需求。在做好产品定位后，一定要结合用户的需求，包括用户的使用需求和情感需求。用产品满足用户的使用需求，用良好的沟通、服务去满足用户的情感需求。用户需求得到满足，企业的社会化营销也就成功了。

"五常"：常在社区里；常在新应用里；常在产品和服务里；常在差异化思维里；常在实效里

360度微资源生态圈强调网络曝光、搜索排名及口碑效果。常在社区里关注大家话题的焦点、争议的焦点、购买的焦点，自然能够了解消费者的真实需求。利用这些焦点并结合营销信息，关注度和曝光率自然上涨。例如，韩寒作为一位粉丝众多的青年作家，他的微博经常成为议论和讨论的焦点。2014年5月13日韩寒发布一条微博："风雨中拍摄，有一种超薄激情系列的感觉。"配上一张穿着简易雨衣的照片。仅仅过了14分钟，避孕套品牌杜蕾斯发表评论，"岳薄，岳尽兴"——"岳"契合韩寒"国民岳父"的称号，"薄"关联雨衣和避孕套，"尽兴"植入了"性"的概念。杜蕾斯的营销获得了很多的转发和媒体关注。

媒介的覆盖量与传播量决定信息传播效果。新应用因其新鲜吸引许多关注，企业常能够在新应用里，接触更多的潜在用户。"脸萌"软件就是借助了当时的新应用微信朋友圈，简单地分享到朋友圈功能，让"脸萌"获得了超过3000万的下载量。

产品和服务是营销的基础，是能不能获得用户口碑的关键。企业在产品和服务里多下功夫，做出好产品，才有营销的资本。苹果手机的畅销与苹果公司追求产品和服务的极致体验，是分不开的。

差异化是一种话题的整合营销，可以是品牌话题，以产品和服务为主；也可以是企业形象话题，以企业文化为主。需要有几个比较大的媒体牵头，报道必须有深度、立意很新、角度有争议，体现出企业的与众不同，最终可能形成一个热门话题，吸引受众参与并购买。

常在实效里强调构建360度微资源生态圈要有完整的监测评估标准。任何一个体系都要有相应的检测和效果评估标准。这个标准不在于粉丝和转载次数的多少，而在于传播效果。受众的转化率，多少人、多少次、产生多少参与或购买次数和购买额度应该是实效的主要体现。

构建360度微资源生态圈，要做到以用户需求为出发点、以产品和服务为基础、以价值为卖点，配合多种媒体和新应用的宣传，来体现产品的特点和功能，最终建立良好的营销生态系统。

赢在"张力"

360度微资源生态圈的特征在于四个字：开放共赢。开放是基础，360度微资源生态圈人人参与，企业、消费者、媒体，都有自己的生态圈，这些生态圈彼此相互联系，为企业和受众提供了一个聚会平台，使企业有更多业务和接口。共赢是创造一个价值链，各种生态圈有一个共赢的价值链才能可持续发展。

360度微资源生态圈的特征决定了它的张力是很大的，一方面微资源在不断增加并逐渐成熟，一方面360度微资源生态圈能够动员越来越多的网民参与其中，最大限度地扩大传播效应。

360度微资源生态圈的张力主要表现在以下四个方面：

第一，互联网时代，微资源是移动互联网多重入口[①]

微资源是移动互联网的多重入口，是主流的黄金入口和独有入口，并可实现权威门户直达功能。微商店、微支付等符合用户需求的服务就是有价值的服务，微信红包、滴滴打车甚至手电筒应用软件，都有价值，是能够积累用户的产品和服务，它们也是移动互联网大潮中大大小小的入口。比如滴滴打车和快的打车之争，其实是利用微资源竞争互联网入口。

企业通过微资源能够广泛地发布产品信息、营销活动，消费者通过微资源能够发表对产品的建议和意见。微资源为企业和商家提供了信息发布平台。

第二，生态圈是无限扩展的圈子

不同生态圈之间彼此连接可以形成更大的生态圈，彼此连接，没有边

---

① 《微资源：颠覆传统营销模式的移动互联网宠儿》，http://www.chinaz.com/news/2014/0519/352030.shtml，2014年5月9日。

界，最终形成一股强大的势力。

以京东为例。京东总裁刘强东曾经说过，如果要赚钱，京东早就能赚了。话里面的意思就是京东并不急着赚钱，而是先做生态圈。

京东从2007年开始自建物流，号称可以做到当天到货，解决自营电商的最后一公里问题，大大提高消费体验。如果说互联网经济的最大体验就是"及时、体验至上、用户至上"，那么京东无疑是抓住了问题的关键。

2014年3月，腾讯投资京东，占京东15%的股权，双方合作，协同效应是显而易见的。京东的生态圈再次扩大，双方的合作有后发优势。这个生态圈，已经不只是卖物质产品了，背后还有精神消费产品，前途不可估量。京东建立了较为完整的生态圈，被业内普遍看好。2014年5月22日京东集团在美国纳斯达克正式上市，收盘价为20.9美元，较19美元的发行价上涨10%。按收盘价计算，京东市值约为285.7亿美元。京东的市场价值得到了资本市场的肯定，其被看中的正是京东较为完善的生态圈。

京东生态圈的扩展，一方面让京东消费者在购买选择及支付体验上更加良好；一方面增加了京东信息入口流量。生态圈无限扩展有利于企业优化资源配置，加强市场竞争力。

第三，360度微资源生态圈全方位打造品牌

品牌是企业的真实价值，打造良好的品牌形象，对企业营销有重要意义。消费者之间的信任感远比企业和消费者间的信任感更深，营销者必须正确引导消费者团体。微资源通过激发意见领袖、品牌爱好者、产品忠实粉丝的真实口碑，让消费者成为产品的代言人，当消费者开始主动参与产品服务时，就有了更深层次的合作。

在整合传播实效时，360度微资源生态圈强调线上线下相结合。线上为产品造势，线下提供体验和服务。线上线下在不同的阶段相互配合，扩大传播影响力，最终转化为好的销售业绩。

360度微资源生态圈能够做到：线上的多种手段整合，线上线下相结合，移动媒体与互联网相结合，产品与信息传播相结合，全方位为企业打造品牌，达到最终赢利的目标。

第四，360度微资源生态圈成为社会化动员工具

微资源生态圈为网民提供发声平台，让这一平台逐渐成为一种社会化动员工具。

企业和用户可以通过生态圈聚集强大舆论，影响更多群体。人的力量正在逐渐被放大，有人通过微资源生态圈获得社会帮助，也有人通过它帮助别人。比如最近流行的冰桶挑战赛，就是依靠微资源生态圈的传播达到宣传效应，动员社会力量，使"渐冻症"人群得到更多的帮助。

冰桶挑战的例子证明：微资源生态圈使企业的力量或者个人的力量在圈子和系统的关注过程中不断被放大。微资源生态圈产生的巨大舆论力量，可以影响主流媒体的声音，进而动员社会力量。

小到几个人的讨论组，大到巨头的强强联合，都是微资源生态圈。360度微资源生态圈，就是把各种微资源整合在一起，并建立良好的战略体系。360度微资源生态圈体系既可以做到单独和某个消费者互动聊天，也能做到动员整个社会；既能抓住细小的差异化推广产品，也能全方位地提升企业品牌形象。微资源是移动互联网时代信息的重要入口，生态圈可以无限扩展。360度微资源生态圈体系赢在张力，既可以为大型企业聚合受众，又可以为中小型企业提供平台。

360度微资源生态圈建立在移动互联网之上，对微资源充分利用形成微资源生态圈。微资源生态圈可持续发展，不断地增加受众。生态圈扩展的过程，就是企业不断优化资源配置的过程。企业在资源的汲取、融合、激活过程中，伴随着和消费者的充分互动以及品牌推广。360度微资源生态圈体系在增加企业信息入口流量、提高销售业绩、建立企业良好品牌形象上有指导意义。

第五章

构建企业战略体系：口碑与互动

个性化的口碑管理体系

几年前，当你看央视的《经济与法》《对话》之类的栏目时，你可能会在结尾留意到"制片人罗振宇"几个字；几年后，如果你喜欢网络脱口秀，那么你可能看过《罗辑思维》，它的主持人也是罗振宇；现在，如果你成为一个"微信控"，那么你会发现这个被称为"罗胖"的人在其微信公众号上有100多万粉丝。

同罗振宇的变化一样，现在的我们也把注意力从电视和电脑转移到智能手机上，生活工作方式开始了天翻地覆的变化。我们必须接受这个变化，并尽快去适应这个新时代。同时，这种变化也推动企业营销的趋势逐渐转向社会化营销。根据一项报告显示：2012年，中国网络广告市场规模达到753.1亿元，中国网民社会化媒体使用时间达到32.18亿小时。[①]

①　《社会化媒体营销发展报告（2012—2013）》，由互联网实验室和数字光标营销机构联合发布。

从报告可以看出，人们把越来越多的时间花在了社会化媒体上。鉴于此，社会化媒体营销的关注点应当放到数以亿计的网民身上。同时我们也注意到，现在许多网民都会在微信、微博等新媒体上发布一些原创内容，表达对企业产品和品牌的意见。这些原创的内容对企业的品牌声誉有很大的影响。同时还有一个变化是，人们选择商品或服务时，更加倾向于朋友、家人的推荐，而不是那些电视、报纸上的广告。

由此看来，口碑对于社会化营销非常重要。不过，国内的许多营销人员对于口碑营销的利用还处于初级阶段，并没有成立像美国口碑营销协会那样的官方机构，但有一些企业和公关公司已经意识到：口碑与网络营销的结合，能够为企业新增一条营销通道，获取更多的效益。

不过，仍然有许多传统企业甚至公关公司，在做网络营销时只是单纯注重粉丝和发帖的数量，而不管其是否能为企业带来很好的口碑，这样完全不能维护和提升企业的品牌形象。更让人担忧的是，当新媒体上几乎同时出现大量"水帖"时，企业的形象往往朝负面的方向发展。

面对这些问题，一方面应当加大对社会化媒体以及社会化营销的宣传力度，让全社会对这些新趋势、新概念有一个更为全面的认识；另一方面，公关公司和企业要摈弃陈旧落后的营销模式，进入一个营销新时代，这样才能与全球同步，与新时代同步。

对此，在我提出的360度微资源生态圈理论中，要构建企业的战略体系，首先就得注重口碑管理。不过，当企业真的想和网民进行直接对话，希望获得一个好口碑的时候，会发现并没有那么简单易行。

究其原因：一方面，因为我们现在处于信息大爆炸的大数据时代，网络信息分散且过于庞大，若没有相关技术的支持，在这个信息海洋中很难及时准确地撷取有价值的话题；另一方面，单纯获得信息并不能有效地提升企业形象，能使用专门的搜索技术进行舆情分析才是重中之重。而这一点，单用传统的人工方式和简单的技术万万行不通。

因此，我们倡导在一定的网络技术支持下，帮助企业构建个性化的口碑管理系统。这套系统能为客户提供口碑的分析诊断、口碑的预警、口碑对话、口碑平台等服务，还能根据企业发展形态的不同，及时完善并不断变化。这样一来，企业就能通过个性化的口碑管理系统及时改善企业与客户、网民的关系，从而培育良好的口碑和企业形象。具体来说，营销人员应当这样做：

（1）口碑分析。

要想构建个性化的口碑管理体系，口碑的分析是前提。它对社会化媒体中用户的行为和言论进行深入研究，并与行业数据相结合，设计出不同的行业分析模型，最终得出一个有价值的结论。

（2）口碑预警。

这一流程能有效维护企业的口碑，防止负面信息扩散。

第一步，通过相关的技术监控工具，对重点信息源（主要是影响大的社会化媒体）进行高频抓取（比如每分钟一次）；第二步，通过专业的信息分析师，对负面话题进行判定及危机的定级；第三步，进行危机预警，通过电话、邮件及客户终端第一时间向客户反馈；第四步，企业针对负面信息进行应对。

比如，国内某著名的制造企业，在运用个性化的口碑管理体系之后，通过口碑预警，及时发现有一位消费者在一个具有影响力的论坛发布投诉产品质量的负面帖子。企业迅速通知售后服务人员，在网上通过互动对话的形式及时解决问题。后来，发帖的消费者深受感动，主动联系论坛的管理员，要求删掉原先发布的负面帖子，并且新发一帖，公开表扬这家制造企业的售后服务。

（3）口碑对话。

这里主要指建立一个社会化用户关系管理系统，营销人员使用相关技术，对重点信息源进行扫描聚合，过滤无关信息之后，再将话题进行分类，由企业安排专门人员进行对话互动，解决问题之后进行分析报告。

（4）口碑平台。

这里指的是利用社会化媒体建立一个或多个企业粉丝社区平台。这些平台相当于网民了解企业的一个窗口，过滤、筛选信息之后，将有关企业品牌的精彩信息进行聚合，还可以让网民与品牌进行互动，促使更多的意见领袖进行口碑传播。

使用口碑管理体系来解决舆论危机的例子比比皆是。现在是互联网时代，社会化媒体高度发达，每一个普通消费者都有话语权，而且传播途径非常便捷，企业要根据自身的发展状态和行业性质等情况构建个性化的口碑管理体系，才能在社会化媒体时代游刃有余。

口碑与产品设计同步进行

如今我们走在大街上，总能看到许多人低着头，手里拿着手机或者平板电脑，手指来回滑动触摸屏，几乎所有的注意力都集中在手里的屏幕上。他们有一个非常时髦的称呼——"低头族"。

"低头族"的英文为"Phubbing"，是由"phone"（手机）和"snub"（冷落）组合而成，是澳大利亚麦夸里线上词典（The Macquarie Dictionary）发明的。这个词的出现也向我们传达了一个信息：现在是一个移动互联网时代，我们每一个人同网络密不可分。

　　看看我们周围，只要有网络的地方基本上都会出现"低头族"的身影，他们的手机也是五花八门，种类繁多。

　　从操作系统的类型粗略统计下来，iOS和安卓（Android）阵营占据绝大多数，其中又以安卓阵营的品牌和机型为主。在"weTech2013移动互联网论坛"上，小米科技副总裁黎万强曾提到："中国10款最活跃的安卓系统手机里面，只有两个品牌，一个是三星（占6款），另一个是小米（占4款）。"

　　黎万强的数据充分彰显了小米发展势头迅猛，其"为发烧而生"的产品理念早已深入人心。小米公司在2013年第二季度就成为全球第13大手机制造商，并且在国内创造"四个第一"：单店销售额第一（5.5亿元）；单店破亿速度第一；手机和影音电器类单店销售额第一；手机品牌关注度第一。

　　作为一家成立仅几年的新公司，小米巧妙地以互联网作为主要的销售渠道，并且充分利用饥饿营销①的策略来激发用户的购买欲望。不过，这并非小米营销成功的全部内容。

　　早在金山时代，雷军在重写WPS的过程中就充分听取用户意见，尊重用户的使用习惯，模仿和实现了当时微软Office的所有功能，让WPS焕发第二春。从金山出来后，他成立小米公司，抓住手机领域的变革趋势，使得小米手机一炮而红，雷军经常提及"风口理论"——只要站在风口，猪也能飞起来。小米的"风口"就是移动互联网时代的到来和大屏智能手机的兴起，他把人民群众当作推动小米前进的力量。

　　"从群众中来，到群众中去。"这是雷军经常挂在嘴边的一句话。这句

---

　　① 饥饿营销：商品提供者有意调低产量，以期达到调控供求关系、制造供不应求"假象"的目的，以维持商品较高售价和利润率的营销策略。

话的本质就是注重产品的口碑。口碑是用户之间的口口相传，在这个互联网时代，口碑对于企业宣传产品、塑造和提升品牌越来越重要。

过去产品的口碑传播速度和范围只局限在一些很小的圈子里，比如某个小区的棋牌室、某个茶楼，几个彼此熟悉的人在那里聊天，说哪个产品好、哪个产品便宜。口碑建立的过程非常缓慢，而且效果也微乎其微。互联网时代的一个重要特点就是"快"，微博、微信、论坛等社会化媒体既连接数以亿计的网友，又为信息的传播推广提供了很好的平台。

更为重要的是，这些平台连接的用户不需要面对面，甚至之前都不认识，就可以通过新媒体在网络渠道把产品的优缺点和企业形象等信息迅速扩散开来。小米主要通过微博、论坛、微信和QQ空间这四个媒介做社会化营销：鉴于微信的特点，小米把它当作一个客服平台；微博和QQ空间因其强大的媒体属性，主要做口碑传播；小米论坛的主要功能是沉淀老客户，发展新客户。

在我的360度微资源生态圈理论中，口碑应当与产品的设计同步进行。雷军深谙此道，不管是在金山时代重写WPS，还是开发小米产品，他都把用户的口碑当作是产品升级换代的一个重要参考。

具体来说，用户通过小米论坛和微信客服来分享交流小米产品的使用心得和问题建议，小米有专门的工作人员搜集和关注这些信息，并及时汇总，进行可行性分析，为下一次新产品的设计提供新思路、新方案。

口碑传播的渠道和具体方式有很多种，但促使小米成功的还是真正发动所有的用户参与产品研发。

在刚开始设计MIUI（小米自己开发的类安卓系统）时，雷军及其开发团队就有意把MIUI做成一个开源的、能让用户参与改进的系统。小米团队认为："MIUI是一个系统工程，而非单纯的APP，所以我们真的要依赖群众的智慧来做好这个系统。"

在过去的很长一段时间里，MIUI保持每周更新的频率。那些使用MIUI系统的用户可以通过小米论坛和官方微博提出产品建议，并且MIUI赋权于用户，由用户来决定许多功能的取舍。这种口碑与产品设计同步进行的方式，很快就让小米的品牌影响力和美誉度有了一个飞速的提升。

当然，企业的行业和发展情况不尽相同，在使用这些渠道进行口碑传播的时候也应视自身实际情况来定。比如，黄太吉煎饼利用社会化营销方式，在6个月内成功将销售额提升到一个亿，它可能就不需要花大力气去创建论坛及强大的技术支持，只需要把重心放在微博就足够了。

总之，在社会化营销新时代，我们要利用好微信、微博、论坛等社交新媒体，使之成为口碑传播的新渠道。与之相对应的是，企业要在设计产品的时候充分考虑到用户的反馈意见，并设计好产品的爆点，以及考虑好应对口径。就目前的情况来看，很多企业并没有完全做到，还有很大的提升空间。

企业互动：从幕后到台前

首先，我问大家两个问题：你有多久没认真翻看一本书了？又有多久没有在晚上7点准时守在电视机前看中央电视台的《新闻联播》？

看到这两个问题，很多人可能摇摇头，沉默一会想想上一次看书和看《新闻联播》是在什么时候。

在网络时代，我们获得信息的主要方式不仅仅是电视、杂志和面对面的沟通，还包括微博、微信等社会化新媒体。当传统媒体的市场份额正不断被这些新媒体蚕食时，我们发现网络时代带来的改变不仅仅是这些。它还改变了人们的沟通方式，改变了媒体传播和营销的方式。

面对这些变化，企业要认识到它们给营销带来的机遇与挑战，而不是被动地去接受，否则必将被社会化营销的滚滚洪流所吞噬。

过去传统企业做营销一般都是外包给公关公司，由公关公司一手包办，或是隐藏在幕后，始终把自己藏得很深，不会过多地暴露在公众视野之中。

如今，我们身处信息爆炸的互联网时代，整个社会的节奏陡然加快，应运而生的"快餐文化""娱乐文化"成为流行文化的标签，代表当今社会的潮流与趋势。与之相对应的是，人心也越来越浮躁，原先非常奏效的报纸广告、长篇软文、产品发布会等传统方式开始慢慢失效，就连那些年企业趋之若鹜的"标王"称号也早已被搬下神坛。这个时代，企业的传统营销之路越来越狭窄。

于是乎，一些企业主动或被动进入社会化营销的新领域，开始"摸着石头过河"。不过当它们开通微博、微信、贴吧等社会化新媒体账号后，并没有派专人去和粉丝互动，也没有解答用户的问题、处理用户的建议和投诉，更没有主动去寻找企业的新粉丝，吸引他们的关注。

虽然许多企业也在做社会化营销，却有名无实，"挂羊头卖狗肉"。这些传统企业对社会化营销的了解不多，觉得只要有"三多"足矣：粉丝越多越好，内容越多越好，账号越多越好。其实，社会化营销不是集邮，只关注粉丝和转发数量等指标并不能很好地增进效果，合理的规划和管理才能使其发挥效用。

直到现在，仍有相当一部分企业认为，只要利用社会化新媒体营销就能产生丰厚的回报。殊不知，并不是所有企业都能获得回报。若企业一味盲目跟随，只会被别人踩在脚下，自讨苦吃罢了。比如，许多企业的官方账号形同虚设，只是充当一个"广告发布中心"的角色，并没有同用户产生任何互动。当然这并不是企业不想用社会化营销，而是总觉得自己同社会化媒体时代之间隔了一堵厚厚的墙。这种现象在国外有一个专门的说法——"社会化媒体时代的反社会现象"。

此外，许多企业把公关营销的工作外包给不同的公司，每个公司负责一个新媒体平台的运作。这样一来，用户形成不了一个统一的企业或产品形象，甚至可能会对企业造成误解。而且，企业过分依赖公关公司，导致对自身的营销信息一无所知，这也不利于企业的长远发展。

傅涛是清华大学水业政策研究中心主任，他在一次总裁沙龙中提到："过去的营销市场就相当于一个礼堂，只有拿着话筒的人才能发声，其他人都是听众。而移动互联网时代的营销市场，每个人都可以发言，同时每个人也都是听众。"

从这段表述可知，过去的营销只需要拿着话筒的人（公关公司）发声，用户的意见和反馈并不能体现出来，企业也不需要走到台前与用户互动。如今的社会化营销是一种人人都参与的新营销方式，公关公司、企业、用户都可以成为信息的发布者和接收者。一来一往，互动就成了必然。

网易旗下的网易云音乐是一款全新的音乐产品。2013年2月22日，网易网站部发布了一封内部邮件，该邮件的内容披露了网易公司对这款新产品非常重视。

这封邮件称，公司CEO丁磊发布指示，要求网易全体工作人员在规定的时间内下载并且用自己的手机号码注册网易云音乐。除此之外，还要求员工设置个人真实头像，并于2013年2月25日之前在应用上至少下载600首歌曲。

网易云音乐的一个亮点是用户通过手机下载应用，注册账号登录后，发现已经有了两个好友，一个是网易公司创始人、CEO丁磊，另外一个是网易云音乐小秘书，这两个关注人都会不定期地推荐音乐，分享听音乐的心得。网友在注册之后也可以在分享的信息界面进行互动交流，这一形式如同微博。

丁磊是叱咤互联网将近二十年的"网络三剑客"之一，他也开始进军移动互联网，意在获取这艘巨轮的船票。目前市面上大多数的音乐产品都被定义为音乐播放器，这无疑给网易云音乐一个很好的切入点：网易要做移动音乐社区。

为此，网易云音乐做了许多积极的尝试，除了类微博形式，用户还可以通过手机上自身的通讯录或者查找附近的用户等方式来构建一个专属于个人的社交圈子。此外，羽泉、孙楠等知名歌手和大牌DJ、独立音乐人也加入网易云音乐，并成为有特殊标记（加V）的用户。

移动互联网时代，企业要把产品推广出去，就需要安排每一个用户的"社会化旅程"。在这段"旅程"中，企业可以使用专人管理的账号与用户进行直接的交流互动，让用户明白，企业不是冷冰冰的赚钱机器，而是和用户一起玩、一起沟通交流的良师益友。用户势必会成为企业或产品的铁杆粉丝，主动去帮企业营造一个好的口碑。

过去有一些营销人员提出营销组织组成的3个"P"：Process（程序）、Platform（平台）和People（员工）。在我的360度微资源生态圈理论里面还需要加入另外一个"P"——Participation（参与）。毕竟，社会化营销不是纸上谈兵，企业必须亲自参与进来，通过实实在在的互动，才能取得很好的营销效果。

为了构建企业的战略体系，企业要摆脱过去完全依赖公关公司操作的"幕后人"心态。在社会化营销时代，企业将贯穿广告—公关—市场活动的多个环节。其趋势就是企业从幕后走向前台，直接参与用户的互动。

互联网思维的核心就是经营用户

"现代营销学之父"菲利普·科特勒在著作《营销革命3.0》中指出，营销可以分为3个阶段：

第一阶段是突出产品为中心的营销1.0时代；

第二阶段是主动权掌握在顾客手中的营销2.0时代；

第三阶段是顾客主动要求了解、参与和监督企业营销各个环节的营销3.0时代。

根据这个分类的变化，我们能够明晰营销正从产品到顾客再到人文精神的路径转变。在移动互联网时代，社会化营销就体现了营销3.0时代的特点，即企业面对的不再是完成买卖就结束关系的顾客，而是包括需要长期维持关系的人；用户购买产品不仅仅取决于产品的质量和价格，还取决于更多新的因素。

面对营销3.0时代的新变化，企业不能无动于衷，也不必搜罗各种方法技巧去一一尝试。毕竟关于营销的方法有千千万万，企业若一条一条学习，恐怕学几十年也只能学个皮毛。就像一棵大树的树枝、树叶，其数量不可胜数，而营销之道则是树根，只有掌握了道，才能灵活运用，以不变应万变。

我认为，营销自始至终都应该关注最本质的东西——人性，只有把握人性，才能更容易实现成功营销。在移动互联网时代，很多互动和信息的发布与传播都已经在移动终端上。正如前面所提到的"低头族"，每天的碎片化时间有将近70%是花在社会化媒体上。从某种意义上说，移动互联网时代的代表性营销方式就是社会化营销。

在这个标榜互联网思维的网络时代，我认为互联网思维的核心就是四个字：经营用户。一家企业能不能成功，与其能否将用户聚集起来经营有很大关系。现在互联网和移动互联网颠覆其他行业，其优势就是把用户管理起来。尽管我们也看到很多传统行业很早以前就在发会员卡，但它们没有真正地把用户管起来，这个是核心。

因此，我们需要把关注点从那些大号上移开，转向营销的对象：用户。CRM（客户关系管理）在这个新时代尤为重要。不过，相当一部分企业在进行CRM时，会存在一些误区：

误区一：社会化营销就是社会化客户关系管理

其实，社会化客户关系管理只是社会化营销的一部分，是一种企业利用社会化媒体与客户沟通的最好方法。同时，在一个新媒体平台上可见的内容，也应该在另外一个多媒体平台出现。社会化客户关系管理只是把用户在多个新媒体平台中聚集起来，并分类整合进行营销而已。

误区二：社会化客户关系管理就是软件

许多企业都希望通过社会化营销来提升产品销量和品牌知名度。它们通常会向外界寻求技术支持，希望能够获得一款微博或微信的管理软件来解决企业在社会化营销中的所有问题。这种做法没有错，但是把社会化客户关系管理单纯看成一套软件则过于片面化。

分析误区之后，我们对社会化客户关系管理有了更进一步的认识。那么，具体应该怎样去构建一个很好的客户管理系统呢？对此，我提出几个具体的策略，供大家参考：

（1）精准定位，确定特定用户群。

如今社会化新媒体非常多，微博、微信、贴吧、论坛、社区等都是社会化新媒体。每一种新媒体都有自身的特点，不是"万金油"，并不能适应任意企业的品牌推广需求。因此，企业大可不必盲目地在所有的新媒体上创建账号。作为企业社会化营销的参与者，首先要搞清楚企业的用户主要是哪种类型，再选择合适的新媒体进行推广互动。比如，如果企业的客户主要是在校学生，那么人人网和百度贴吧是个不错的选择。

（2）原创、有趣的内容。

为了让用户对企业的品牌产生黏性，企业在信息发布和互动时要多发布一些原创有趣的内容，以便起到好的效果。比如，企业可以通过微信公众账号每天向关注它的粉丝推送消息，让用户渐渐习惯，成为企业的铁杆粉丝。

在微信流行后，许多行内人士都说微信是一款天然的CRM工具。不过一直以来，很少有人能够说出微信CRM的具体形式。不过没多久，随着微信团队对微信公众平台的改版和全面开放接口，微信CRM可谓是离企业的运用越来越近。

果不其然，联想集团在2013年3月份上线了"联想服务"官方微信客服中心系统。这是业界第一家微信客服中心系统。与其他普通的微信公众平台不同的是，"联想服务"更多地融入了联想公司自身一些独特的业务功能，成为一个全新的客服中心系统。

"联想服务"官方微信公众平台率先上线自定义菜单功能，接着迅速行动，全面对接微信，打造了一个智能的管理系统，堪称微信CRM的先行者之一。"联想服务"涵盖五大关键模块：会员、客户、营销、销售、服务。另外它还开放了一些附属模块，包括产品、知识库等内容，已经是一个相对成熟的*CRM系统*。

基于微信、微博平台为载体的精准信息推送以及二次循环精准推送的管理系统，基本覆盖以下功能：

①用户管理：系统可以根据用户（粉丝）资料，进行细化分组式数据库后台管理。

②数据跟踪与统计：系统可对用户分类管理下的用户群进行推送内容的阅读数、分享（转发）数等的跟踪与统计。

③无限次的循环分享（转发）：系统可在用户分类管理下的用户群分享（转发）基础之上，实现个人社交圈下无限次转发的跟踪与统计。

④激励积分系统：所有参与分享（转发）者，不仅限于分类用户组，实现分享（转发）与积分统计的对接，从而生成积分兑换机制，并对积分进行排行榜式的统计，最终完成对传播者的激励环节。

⑤渗透客户黏性：开发极具趣味性的APP插件，对接积分激励机制，从而完成客户黏性环节。

⑥报告分析：根据用户数据对基本资料（性别、地区、年龄）、阅读习惯等属性进行分析，来实现系统后台用户数据库的基础分析。

不管怎样，在社会化营销时代，企业营销不仅仅需要某个明星或草根大号来转发一条微博。因为这些大号的粉丝并没有与企业形成良好的互动关系，也很难顺利嫁接成为企业的粉丝，靠大号转发微博只能起到"隔靴搔痒"的营销效果。当企业构建起有效的CRM体系，就能剖析出客户DNA，从而真正抓住客户。

第六章
新圈地时代：平台为王

打通搜索引擎

我们经常会看到这样一幅场景：

在人流密集的商场、广场和地铁附近，总有一些拿着卡片、宣传单的推销人员。他们大都笑容可掬地面对着来来往往的行人，想要把手中的卡片和宣传单分发出去。

不过，大多数情况是，一部分行人会一脸厌烦地摆摆手，一部分行人会视而不见，还有一部分行人在随手接过之后没走多远就将这些传单丢弃……

每当看到这样的场景，我总是会摇摇头，感叹这些企业营销人员的观念落后。现在都已经是移动互联网时代了，这种传统的派单营销方式效果微乎其微，随地丢弃的广告单还给环卫工人增加负担，简直是吃力不讨好的行为！

除了这种发传单的方式外，传统企业还会把广告贴在行人可能看到的地方：高速公路两旁的标志牌、大楼的电梯里、超市购物车的侧面……显然，这种让消费者被动接受的广告方式已经不能满足企业的营销需求了。

对此，我的一位企业家朋友深有体会。他管理一家美容SPA连锁品牌，旗下有十几家连锁店。他之前就采取路边发传单的方式进行营销，基本上每个分店每个月都要发出去5000张传单，他总共有12家连锁店，仅四色印刷的传单成本就有好几万，另外还要算上人力成本。我告诉他："你以后不用再安排人出去发传单了，只需要创建好内容，经由互联网和移动互联网的搜索引擎呈现给用户就可以了。"

一个月后，他给我打来电话，说听了我的建议后已经完全放弃发传单的营销模式，现在使用搜索引擎推送信息的模式，效果好得多。另外，他还让每个分店都开通微信公众号，在微信上凝聚粉丝，推送消息。

通过这个故事可以得出结论，新媒体时代，搜索引擎营销（SEM）已经成为一些企业的营销新途径。企业借助搜索引擎，可以在用户进行信息检索的时候，适时将相关的营销信息传递给这部分人。

目前搜索引擎营销是一种效果非常明显的营销手段。过去的营销方式几乎都是利用打断的方式来做广告，比如看电视剧插播广告，阅读一整篇文章看到中间硬"挤"进去的广告，走在路上突然冒出一个推销人员来塞给你传单，打开邮件弹出新的广告邮件……

与过去的打断式广告不同，搜索引擎营销更具有针对性，且不会打断用户。因为广告不会轻易显示出来，而是在用户主动搜索同网站相匹配的关键词时才会显示。这种模式有一个好处，看到网站广告的客户基本上都是企业的潜在客户群体。这样能杜绝出现客户群体不匹配的情况，避免了流量高而营销效果差的尴尬。

此外，搜索引擎营销还有一个优势：投资回报率很高。比如百度全年客户的平均ROL（投资回报率）在1∶3左右，其中靠前的当当网高达1∶7，效果一目了然。

鉴于此，许多企业都千方百计地想让自己的信息占据搜索引擎的第一页。SEO（Search Engine Optimization，搜索引擎优化）能让企业的网站、博客、微博等其他在线内容的关键字和关键词被搜索引擎找到，而且能够排在最前面的那一页。

在这里，最重要的就数关键字（词）了。比如："你了解360度微资源生态圈吗？"

针对这样一个标题，"360度"是一个关键词，"微资源"是一个关键词，"生态圈"也是一个关键词，"微资源生态圈"和"360度微资源生态圈"都是一整个关键词。

这样一来，当用户搜索"360度微资源生态圈"时，几乎100%会出现相关网页，以此类推，当用户搜索"360度微资源""微资源生态圈"这些关键词时，也能精确搜索到相应的网页。但是当你分别搜索"微资源""360度""生态圈"时，肯定很难找到相应的网页。因此，利用搜索引擎进行营销一定要注意关键字（词）的合理使用，否则就像一艘远洋航行的拖曳式渔船，撒开大网只为捕捉一种鱼，代价会变得非常高昂。

要避免这种搜索引擎计划失败的情况，我认为最好的方法是针对几十、几百甚至是成千上万人搜索的热点词进行再创造。就像在百度上关于"微资源"和"生态圈"的搜索结果分别为2450000个和8370000个，这种情况下很难将需要推广的网页靠前，而一旦加入了"360度"这一关键词，其搜索结构就能大大靠前，用户会一目了然。总之，如果想让你的信息在网络上被关注，就需要拥有一个唯一的身份，这样才能在搜索引擎所列的结果中脱颖而出。

当然，营销人员如果把主要时间放在关键字和关键词组的选择上，有可能会忽视搜索引擎营销的另外一点，即企业登录页面的制作。我认为，要想有一个最佳的营销效果，企业制作的登录页面需要有特定内容，能够让那些从搜索引擎点击访问网页的人获得他所需要的信息，而不是摇摇头之后迅速关闭网页。

不管是关键字和关键词组的选择，还是登录页面的设计，企业的目的通常是为了和潜在客户进行沟通，并让他们对企业的产品或服务有一定兴趣。戴维·米尔曼·斯科特（David Meerman Scott）是一位知名的美国营销战略家，他提到登录页面的指导原则（摘录部分）：

（1）登录页面的文字要简明扼要，上面的图形要简单：登录页面是提供简单信息并让潜在客户响应你的宣传的地方，不要试图在上面包含太多的内容。

（2）使用你公司的统一风格和色调创建页面：登录页面是你公司品牌的延伸，因此它必须和你网站其他部分采用相同的色调和风格。

（3）从潜在客户的角度出发制作页面：仔细考虑哪些人将访问登录页面，然后根据这些统计信息制作页面内容。要让访问者感觉页面上谈到了他们的问题，而且你有解决这些问题的方案。

（4）登录页面的目的是公关，而非做广告：登录页面是你表达有价值信息的地方。

（5）号召意图要清晰，而且便于响应：保证你为想要进一步了解的人们提供清晰的响应机制。让注册、表示兴趣或购买产品的过程保持简便。

（6）只收集必要的信息。

（7）不要忘记跟进。[1]

把握这些关键点，企业在社会化营销时代做搜索引擎营销就能够有的放矢。对此，我大胆预测，至少在未来三五年内，基于互联网和移动互联网的搜索平台依然是社会化营销的重要通道，企业需要通过内容与技术的组合占领这个平台，并根据平台的发展变化而不断变化。

广义的朋友圈营销

当人们打开微信、陌陌等社交软件时，发现许多人每天都会在圈子里发一些鞋子、衣服和进口化妆品之类的硬广告，让人非常反感，并心生喟叹："广告真是无孔不入。"

今天，社会化媒体占据着我们大量的碎片化时间，这种熟人圈子的营销推广方式到底值不值得运用？是讲人情还是消费友情呢？我认为，在微信、陌陌、微博这些新媒体上开所谓的微店只是小菜一碟，谁都能做，谁都会做，但是站在企业角度研究网络时代的营销新形势才更有意义。

现在流行的互联网思维是一个生态圈，所谓的"圈子"可以理解成基于熟人的社交网络社区。比如微信、微博和陌陌等新媒体都有朋友圈，都是基于熟人构建的群落。在这些圈子里，人们通过各种各样的关系聚集在一起，即使很多人可能没有见过面，甚至没说过话，但是都可以算得上是广义的朋友。由此可见，社会化营销在某种程度上即为广义的朋友圈营销。

①　[美] David Meerman Scott：《新规则：用社会化媒体做营销和公关》（第3版），于宏、张昇、赵俐译，北京：机械工业出版社，2011年版，第275页。

在2013年五六月份，"疯狂猜图"在微信朋友圈非常火爆，这款游戏前期开发成本不到10万元，却能在上线一个月内有超千万次的下载量，日增30万用户。这款游戏其实非常简单，用户下载游戏进入后，系统会自动提供一张简单的图片，再在下方提供24个待选的字母或汉字，让用户在提示下面输入正确的答案。值得注意的是，如果用户一时半会猜不出答案，就可以选择用金币获得提示的方式，也可以通过分享到微信朋友圈的方式向好友求助。

正是这种方式对"疯狂猜图"用户的爆发式增长起到了非常关键的作用。因为微信上的好友大部分都是较为信任的熟人关系，用户将游戏分享到朋友圈求助时，一些好奇的朋友会点开下载，成为游戏的新用户，新用户如果再遇到问题又会再次分享到朋友圈。如此一来，传播的链条就一直不断，最终的传播效果也非常显著。这一案例反映出，口碑传播仍然是企业品牌和产品传播的重要方式。朋友圈营销最重要的是信任和分享，用户的自发传播比企业打广告吸引用户更高效。

对于微店店主刷朋友圈的情况，大家应该感同深受，如果店主能设身处地地站在朋友和熟人的角度去想，肯定不会去发这类冷冰冰的硬性广告。既然都是朋友，大家肯定更关注那些趣味性强、充满人情味的内容。店主要考虑的不是把产品或服务推销出去，而是给朋友们带来多少便利和帮助。当你去分享一些真实有用的内容时，别人才会与你产生情感上的共鸣。

其次，做朋友圈营销的个人也好，企业也好，一定要精确定位，知道朋友圈里有多少个潜在用户群，多少个核心用户群。在定位精准之后再进行营销，这样既省时省力，效果还非常好。

在中国，每年都有一次人口大迁移——春运，受影响的群体数以亿计，相当于许多国家的人口总和。春运期间，火车票是让人又爱又恨的情感痛点：

"爱"是因为有了它才能回家和家人团聚；"恨"是因为一票难求。

2013年春节期间，抢票浏览器着实火了一把，而在2014年又有了一个新名词："微信抢票"。这一次的主角是"猎豹浏览器"，其在微信上开通"我的猎豹浏览器"的公众账号。用户通过软件上的在线抢票菜单，就可以直接跳转至"登录到12306"的页面进行购票。

除此之外，这一公众账号还有人工咨询服务，并增加抢票日历、余额查询、自动推荐附近售票点和天气查询等功能，还有机会获得小米3手机。根据猎豹浏览器统计，该公众号开通后一天就增加了10万粉丝。

"我的猎豹浏览器"微信公众账号火爆的秘密，在于它满足用户的需求，极大地方便用户，并让用户主动去添加关注并分享。

"疯狂猜图""我的猎豹浏览器"符合一个时代趋势，就是社会化营销已进入"圈地时代"。企业利用社会化媒体营销主要是为了通过这些平台来吸引更多的忠实粉丝，并让他们主动自发地传播企业的产品或服务。在网络营销时代，病毒式营销被越来越多的人提起，它利用公众的积极性和熟人网络，让营销的信息像病毒一样快速扩散开来，在短时间内就能够传达给数以万计的受众。广义的朋友圈营销一旦实施成功，很容易引发病毒式传播，让几乎免费的"口碑传播"成为可能。

针对时下流行的微信营销热潮，那些宣称一天能有几万元收入、能卖多少产品的消息，就算宣传都是真的，这种成功模式也很难复制。关键要学习朋友圈营销的思路，把握好当下社会化营销的新形势。

其实，社会化营销在很大程度上是信任感营销，而广义的朋友圈显然是基于熟人间的信任感而产生的，我们要多考虑别人，少考虑自己。在信息高度碎片化的时代，微信、微博等许多封闭或半封闭的网络圈子也在加速聚合，使得相对精准化的朋友圈营销成为必然。

论坛、微博的进化与变异

如果我有一千万，我就能买一栋房子。我有一千万吗？没有。所以我仍然没有房子。

如果我有翅膀，我就能飞。我有翅膀吗？没有。所以我也没办法飞。

如果把整个太平洋的水倒出，也浇不熄我对你爱情的火。整个太平洋的水全部倒得出吗？不行。所以我并不爱你。

对于许多"80后"来说，这一段文字可能非常眼熟，它是蔡智恒小说《第一次亲密接触》中的内容。2000年左右这部小说非常流行，主人公痞子蔡通过BBS（网络论坛）留言吸引了女孩轻舞飞扬的关注，由此引发一段浪漫却伤感的网络爱情故事。

对于年青的一代来说，这样的网络爱情小说也许早已经司空见惯，读起来没有什么新鲜感，但在十几年前网络刚刚流行起来的时候，有相当一部分泡在BBS上的年轻男女，都渴望一段网络情感的浪漫邂逅。

BBS在中国互联网史上长期占据重要地位。在网络2.0[①]概念出现之前，它几乎是唯一有重要影响力的网络应用。

在传统媒体时代，内容的创作者往往掌握话语权，和普通网民在权限上

[①] 网络2.0即Web 2.0，指的是一个利用Web的平台，由用户主导生成内容的互联网产品模式，区别于传统由网站雇员主导生成内容的互联网产品模式。

有很大区别。BBS的出现让普通网民有了公开发表看法的地方，满足了网民表达、交流、传播、被认同等多种心理需求。随着越来越多的网络应用出现，BBS在总体的用户使用量和流量上，都有不同程度的衰退。

这时博客开始兴旺，热火朝天，无论是名人还是草根网民都纷纷开通博客。博客的英文是"weblog"，翻译过来就是网站的意思。最初，博客是一些相关领域的兴趣人士用来记录和分享的地方。对于营销人员来说，它还是一种功能强大的营销工具，企业或个人都可以将观点与信息通过博客的形式渗透到市场中。

博客之后是微博，它被称为"一句话博客"，即微型博客（Micro Blog）的简称。它是一种通过关注机制分享简短实时信息的广播式社交平台。微博有个重要特点是承载碎片化内容（轻内容），刚好迎合用户时间碎片化的趋势。由此，网络也从"抢夺用户注意力"时代进入"抢夺用户碎片时间"时代。

自2011年1月21日腾讯公司推出微信以来，这个全新的移动互联网社交工具正迅速分化昔日强盛的微博阵营。2014年8月，腾讯微信团队公布的一项统计数据显示：微信的月活跃用户为3.96亿，使用人群分布在200多个国家和地区，微信的公众账号数量为580万个，日增公众号1.5万个，应用数量为6.7万个……现在的微信如日中天，正以绝对优势占领互联网用户的移动终端设备。

许多营销人员开始顺势而为，把精力和关注点都放到微信上，希望借助微信开启移动互联网时代社会化营销的新阵地，这是一种有益的尝试。不过，如果营销人员抛弃以往花费大量人力物力打通的BBS、博客和微博等营销渠道，唯微信是从，很可能到头来"竹篮打水一场空"。

正如电视的出现并不会消灭报纸、杂志，互联网的流行不会消灭传统媒体一样，微信虽然在很大程度上抢夺BBS、博客和微博等社会化新媒体的用户和流量，但不会致其消亡，至少在接下来的五到十年内不会让BBS、博客等媒体沉睡在历史博物馆。

就拿BBS来说，尽管它诞生的历史最长，但还远远没有到衰老消亡的程度。BBS过去一支独大，是因为当时的网络技术水平没有催生出一个功能更强大的网络2.0应用，导致许多不适合在BBS上举行的活动都聚集在BBS上。这种情况带来的影响是，BBS有相当一部分用户的忠诚度和依赖度不高，一旦出现更好的应用，他们就会离开。但还有另外一部分"重内容"的用户会留下来，他们是支撑BBS经久不衰的中坚力量。

从另外一个角度思考，如果把BBS当成一种功能而不是产品来看待，它其实已经进化，并衍生出新产品。比如"知乎"这种专业性较强的问答社区，就是传统BBS群组讨论功能的一种进化。目前，传统模式的BBS确实越来越少，但是它的一些理念、功能都在新产品中不断进化，继续在移动互联网时代发挥作用。

博客、微博同样如此。网络时代下的新媒体各有特点和玩法，比如微博可能是给许多不相识的人看的，而微信是给熟悉的人看的，它们在每一个人心中的分量各不相同。

所以，在微信大行其道的移动互联网时代，我们不赞同微博、论坛等社会化平台已经没落的判断。在社会化口碑营销的过程中，这些具有公开性、互动性的平台仍是必不可少的一环，而且，这些新媒体平台开放式的信息获取方式，使得大数据营销成为可能。

向精准挺进

当我们打开博客、微博时，总能够看到这样的陌生人留言：

快速提升关注，10元1000个；快速提升访问量、文章阅读等级，1元1万；博客真实推广，在别人博客中留下脚印和足迹，让更多的人来看你的文章，提高真实人气！

……

这些留言背后是一门生意，许多人的粉丝量和访问量就是通过这种途径膨胀、放大的。博客、微博流行之后，买卖博客、微博粉丝的生意越来越火，有些人甚至在淘宝上直接开店。有家店主打出这样一条生动的广告：

你的粉丝超过100，你就像是一本内刊；超过1000，你就是个布告栏；超过10万，你就是一份畅销的都市报纸；超过100万，你就是一份全国性的报纸；超过1000万，你就是电视台；超过1亿，你就是CCTV了。

微博上把这类买卖得来的粉丝形象地称为"僵尸粉"，它们有名无实，活跃度很低，几乎都是由系统自动产生的恶意注册用户。

早在2010年8月27日凌晨，广东著名节目主持人陈扬在新浪微博上发表一条信息称，他非常反感"僵尸粉"带来的虚假人气，将关闭自己的用户名为"chensir"的新浪微博。由此可见，那些"僵尸粉"只能满足一些加"V"用户的虚荣心，对互动与口碑推广完全没有作用。

通过这种现象，我们可以看出新媒体本身的问题，这些弊端让社会化营销的精准传播打了折扣。如果一个企业的加V账号拥有的粉丝中有八成是"僵尸粉"，那么它只能从剩下的二成粉丝中寻找目标用户。长此以往，企业在社会化营销过程中的投入产出比将会越来越畸形，互动与口碑都将成为空谈。

精准一直是营销人员追求的效果，企业都希望将产品的信息和品牌主张传递给所有的目标受众。这个道理，就算那些每天在马路上散发传单的人也知道。这些人总是徘徊在十字路口，伺机而动，当红灯亮起的那一刻，就迅速冲上前去，敲开等待绿灯的轿车车窗派发房地产广告单，他们瞄准的就是房地产的目标客户群：有车一族。但这样的方式不仅会引起反感，存在交通安全隐患，而且不一定准确：有车一族大都有房子，还有相当一部分目标受众是无车一族。

进入网络时代，网络技术推动、大数据应用等手段让精准营销成为可能。企业的目标消费者和受众在大数据的应用下将会变得更加可视和具象化，社会化媒体的广告也越来越容易找到他们。

在这种趋势下，精准营销成为企业社会化营销中最受关注的问题之一。然而，新媒体的类型不同，精准定位客户的能力也存在很大差异。比如大家熟知的企业官网和官微（可细分为官方微博和官方微信），随视传媒CEO薛雯漪曾打了一个巧妙的比方："官网犹如开在远郊的星巴克，人流较少，需要专门拉顾客到店里去；而官微则像开在闹市中的星巴克，人来人往、熙熙攘攘，占尽天时地利人和。"除了在获得目标客户上的区别，官网的更新频率远远不如官微，内容也不容易吸引人，很难与受众形成良好互动，不易引发用户自动自发的第二次传播。

不过官微也不一定十全十美，"僵尸粉"就是一个问题，"水军""小号"泛滥使得微博营销和微信营销乱象丛生，而且企业也缺乏有效的测量工具来衡量官方微博和官方微信的价值。当然，这些乱象并不能阻止企业在新媒体上做社会化营销的行动，毕竟这些新媒体平台每天都能生成海量的数据和流量，这是一块诱人的大蛋糕，谁都想分食一口。

　　因此，新媒体平台营销力的可预估、可量化和精准化成为企业关注的主要问题。我们很难判断一个关注足球赛事的人就会对阿迪达斯球鞋感兴趣，他可能是耐克的超级粉丝。因为即使大数据被广泛应用，还是很难自动判断人们使用媒体的动机，更无法判断使用媒体时的具体情景。比如系统记录到有人在阅读有关笔记本维护的知识，却无法判断他是否需要维护电脑的服务，可能他仅仅只为找资料来写一篇文章。这种情况下，他就会对相关的广告视而不见。

　　我由此认为，精准营销并不会完全依赖新媒体发力。新媒体只是一个社会化营销的辅助工具。要想做到精准营销，企业需要更加主动，将每一次营销活动的一些关键信息点进行记录、总结，逐步打造专属的精准营销信息库。企业需要立足于客户服务，多倾听典型客户和潜在客户的意见，进一步完成产品、品牌布局，逐渐趋近于精准营销。

　　今天的营销人员是迎接社会化营销大变革的幸运一代。新媒体营销依托的渠道平台功能强大，优点也很明显，但新媒体只是"兵器"和"战马"，如果这支军队缺少一个熟练使用社会化营销技巧、做到精准营销的"将军"，还是很难叱咤风云、所向披靡的。

第七章

内容创造：引爆差异化

抓住社会爆点

你知道好莱坞著名影星汤姆·汉克斯和尼古拉斯·凯奇喜欢什么样的休闲服装品牌吗？

如果你关注他们，可能会看到他们经常在公开场合穿着暇步士（Hush Puppies）的服装——全球休闲时尚的领导者之一，甚至被称为"美国精神"的象征。

然而，你可能不知道，在1995年之前，暇步士在美国默默无闻，全年的鞋子销售量一直徘徊在3万双以内。可到这一年秋天，暇步士似乎在一夜之间成为著名的潮流品牌，年轻人争相购买。这一年暇步士足足卖了43万双鞋子。

《纽约客》特约撰稿人马尔科姆·格拉德威尔在畅销书《引爆点》①中对此做出全面分析，并提出"引爆点"的概念。该书作者认为，我们的世界尽管

① ［美］马尔科姆·格拉德威尔：《引爆点》，钱清、覃爱冬译，北京：中信出版社，2009年版。

看起来很牢固，但只要能找到某个特殊地位的点，轻轻一触碰，整个世界就能动起来：一个吃完饭后惬意走出的顾客，能让新开张不久的饭店顾客如云；一个涂鸦爱好者可能会引起地铁内的骚乱；两个年轻人传递的信息曾拉开了美国独立战争的序幕——莱克星顿的枪声。

正如《引爆点》所说："这些看起来可能不起眼的点却成为任何人都不能忽视的引爆点。"现在是网络时代，全球各地的人都被一张庞大的、看不见的网连接起来，这给企业营销人员一个启示：只要找到相应的引爆点，就能让信息在整个互联网范围内进行快速传播，真正实现"牵一发而动全身"的效果。

社会化营销时代，要想抓住这样的社会爆点，我们可以从《引爆点》中提出的三个法则中挖掘出一些实用点：

（1）附着力法则——吸引受众主动关注。

在生活工作中，我们常常会很快遗忘一些现象，对一些话语"左耳进右耳出"，很快就忘得一干二净，但是对有些信息却能留下深刻印象。附着力法则针对的就是这一种情况：容易被受众注意和记忆的信息，就容易流行开来。

了解附着力法则之后，企业在社会化营销过程中，就需要把握好内容创造。内容的实用性大小与受众的关联程度决定了内容附着力的作用。当我们在创造的内容中有社会热点话题，就容易吸引受众去主动关注，需要营销的产品也可以借机获得更大的传播范围。

具体来说，创造关注程度高的内容有借势和造势两种途径。借势主要是寻找社会热点问题和自身产品之间的关联性来进行再加工，制造出新的话题。比如在伊拉克战争期间，统一润滑油迅速抓住这一社会热点事件，在电视台和各大网络媒体播放广告片，"多一些润滑，少一些摩擦"的广告语在观众心中留下了很深刻的印象，统一润滑油的品牌一炮打响，实现了自身的信息传递目的。造势主要是在社会关注问题和本企业之间找到结合点，使企业的产品或服务也成为一个社会话题。比如当北京的雾霾成为一个热议话题时，外地的房地产商就在北京打出"远离雾霾"的广告，吸引一些购房者的注意。

（2）个别人物法则——引导消费者。

流行的发生与两类人密不可分，他们对于社会化营销的内容创造有一定的影响力。

①联系人。即那些像集邮一样交朋友的人。他们随时都与数量庞大的朋友们保持联系，这种角色可以很快把信息传播出去。在新媒体时代，许多草根名人都属于这一种性质的人。

②内行人。这类人在某一行业很专业，可以称之为"达人"，比如"时尚达人""技术达人""美容达人"等，他们通过博客、微博等社会化新媒体，不厌其烦地和粉丝分享相关知识。这些内行人掌握更多的信息，对企业的产品或服务有更深入的了解，他们对某个产品做出正面或者负面的评价，对消费者具有很强的引导效果，会直接影响产品的销售。

（3）环境威力法则——找到社会爆点。

企业创造的内容要想引爆社会热点，就需要构建一个适合内容传播的环境。毕竟，消费者深受周围环境和周围人的影响。

不过，要让宣传的产品或服务真正流行起来，并不是一件容易的事情。每个行业在不同阶段会有不同的营销需求，寻找社会爆点还需要先分析行业特点，了解整个行业的发展水平和用户的关注点。

这里提到的社会爆点中的"爆"，除了爆发的意思，还有爆眼球的含义，也就是那些同行尚未发现而消费者又迫切需要的产品特性。比如我们熟知的360免费杀毒软件就抓住了社会爆点——免费。当360进入安全杀毒软件市场时，国内的电脑杀毒软件市场主要被金山和瑞星把控，它们当时都是收费的。但是，当360这匹黑马冲进杀毒软件市场后，大打免费牌，和同类型的产品形成巨大的差异，用户自然而然就记住了这样一款免费的杀毒软件。

因此，企业在做社会化营销的内容创造时，一定要把握好以上三大法则，抓住社会爆点，快速、新鲜、热辣的内容一旦被呈献给用户，一定会引发轰动效果。

抓住目标人群利益点

为什么星巴克在中国这么火？

星巴克为什么这么贵，顾客还这么多？

提到星巴克（Starbucks），读者可能都很熟悉。它是美国的一家连锁公司，目前已经是全球最大的咖啡店。之所以要在这里提到它，是因为星巴克的经营和营销理念恰好暗合社会化营销的一些方法技巧。

星巴克的咖啡真的很好喝吗？即使很好喝，也没有那么大的吸引力吧！这就是问题所在。

在社会化营销时代，如果营销人员还把思维局限在产品上，他可能只是一个勉强称职的销售，绝不可能成为一个优秀的营销人才。我认为，企业在社会化营销过程中，应该暂时把产品或服务放到一边，把全部的注意力转向产品目标人群的利益点。

如果营销人员只是把注意力放在星巴克产品本身上，而没有了解客户去星巴克的真正原因，就会误入歧路。星巴克在中国不仅仅是简单的咖啡销售，更多是一种品牌销售；消费者花钱买的不仅仅是咖啡，还包括其品牌的价值。

星巴克很好地抓住了目标人群的利益点。它的消费者定位是"白领阶层"，产品定位是"多数人承担得起的奢侈品"。来这里的顾客大都是收入较高、具有很高忠诚度的白领阶层。来星巴克的这部分目标人群需要的不是一杯咖啡，而是一个环境优雅、适合约会和商业交流的场所，这也是他们的利益点所在。

所以，在360度微资源生态圈理论中，我认为在内容创造上，一定要抓住目标人群的利益点，而不仅仅是产品的特点、质量、价格这些内容。

美国心理学家马斯洛提出"基本需求层次理论"，把人的需求分成生理需求、安全需求、社交需求、尊重需求和自我实现需求这五类，根据这一理论，我们还能知道收入与地位的不同能够造成人和人之间需求层次的差异。当一个人收入低或地位低时，他的需求层次就低；当他收入高或地位高时，其需求层次就高。所以相对高档的产品主要是为了满足高端用户较高层次的需求，比如尊重和自我实现。

企业的营销人员在了解这些情况之后，其实已经不自觉地把目标客户的利益点放在首位。那么在内容创造时，如何把握住目标人群的利益点，让他们感觉购买你的产品或服务绝对是物有所值呢？

大联想学院院长孔庆斌提出抓住顾客利益点的"FAB法"。在"FAB法"中，"F"指的是功效（Features或Fact），即产品或服务拥有哪些特点和属性。比如："在功效相同的产品中，它是最轻的电子发动机，只有10磅重。""A"指的是优点或优势（Advantage），即自己与同行业的竞争对手有什么不同之处。比如："它足够轻，可以便携使用。""B"指的是客户的利益与价值（Benefit），即这一个优点能够带给顾客的利益。例如："客户不需要去维修中心寻求服务，因为我们会提供上门维修服务。"

总体来说，这个"FAB法"关注的就是客户的"买点"。在内容创造上需要把客户的需求同产品联系起来。对此，孔庆斌还用下面这个生动形象的寓言故事来加以说明：

有一只吃得很饱的狗在马路上溜达，突然被一个包袱绊了一下。它打开一看，里面全是一摞摞的百元大钞。它当然对这些散发着油墨味的东西不感兴趣，于是把装满钱的包袱踢到一边。

这时候，旁边有一个声音传到它耳中："喂，你怎么这么呆啊，这可是钱啊！"

"钱，对我有什么用，差点让我摔一跤！"狗说完准备继续溜达。

那个声音又说："哎呀，这狗真笨，这么多钱能买好多根骨头呢！"

听了这句话后，狗摸了摸自己圆滚滚的肚子，心里想："骨头？我正想着减肥呢。"

"奇怪，天底下哪有如此不可理喻的狗呢？"那声音大喊着说，"傻瓜，你这么笨，难道想打一辈子光棍吗？"

这句话无疑戳中了狗的痛处，它喊道："我招你惹你了？"

那个声音有些生气地说："你为什么不用这些钱，给你看上的年轻漂亮的母狗买骨头吃呢？你一定会妻妾成群的。"

狗顿时醒悟，立马以百米冲刺的速度冲回去，把包袱抓在手里。

在这个小故事中，"F"指的是包袱里的钱能够买东西；"A"指钱能够买任何东西；"B"有两个层面，其一是能买骨头，让狗解除饿意（但它打动不了一只吃得很饱、想减肥的狗），其二是能够给年轻漂亮的母狗买骨头，从而解决"目标客户"——这只单身狗的"脱光"问题。当然了，客户不同，其利益点也不尽相同。或许同类型产品的"F"和"A"是相似的，但其目标人群的利益点"B"是不同的。因此，在内容创造上，一定要在寻求和体现"B"上下些功夫，才更容易成功。

企业营销人员应该明白，不能总是指望有社会爆点出现。社会化营销的内容有80%仍为基础信息。抓住目标人群的利益点进行经常性、反复性的讨论和传播也同样重要。

主动出击，寻求争议点

2014年8月1日，独立测评机构Zealer发布锤子手机SmartisanT1评测视频，Zealer创始人王自如列举这款手机"排线容易被静电击穿""传感器的折叠方式影响可靠性""带螺丝的可拆卸后盖带来诸多弊端""算不上'东半球最好用'的手机"等诸多弊端。

当评测视频在网上发布后，许多网友发布评论称Zealer"收钱办事"，"为了黑而测评"。8月12日下午，锤子科技的创始人罗永浩发微博称："@王自如Zealer，你别瞎猜了，我做什么事情都是光明正大的。我这么久还没有回应，是因为在工厂忙于生产，以及需要点时间确认一些数据。现在已经差不多了，你要是问心无愧，我们就去优酷做现场直播节目当面对质……"

最终，优酷网在8月27日19:00现场直播"决战优酷之巅：罗永浩PK王自如"。

直播当晚，网上实时评论吐槽不断，一时间成为媒体和普通网民的关注焦点。优酷现场直播把这一事件推向社会关注的高潮，不管谁输谁赢，起码Zealer和锤子手机都成为热议话题，关注度也得到前所未有的提升。我个人通过这起事件获得社会化营销过程中关于内容创造的另一点启迪：主动出击，寻求争议点。

我认为，内容在社会化营销过程中非常关键。只有主动去创造和传播优质的内容，不断为用户提供高价值的信息，才能获得更好的营销效果。不过，现在许多社会化营销公司把主要精力都放在炒作上，且有不少"欺骗"性质，甚至内容中含有裸露、暴力成分。在这个"娱乐至死"的时代，这种方式最容易抢眼球，形成话题，符合客户的浅层次需求。

这种博眼球的争议性内容可能会引起关注度暴增，但是当假相被慢慢揭穿之后，这种炒作会对企业品牌形成负面影响。在社会化营销时代，口碑的重要性被越来越多的业界人士所认同，对于有影响力的企业来说，不宜采用类似的炒作方法，因为被揭穿后的风险和代价要远远大于想要获得的关注度。比如，零度可口可乐在市场销售量不好的时候策划一起"史上最强健身女"的事件进行炒作，结果并没有取得很好的效果，反而被网友集体吐槽该视频"拙劣""造假"，自发传播极少。

因此，在社会化营销时代，通过争议点寻求更高的关注度固然重要，但在内容创造上一定不能带有欺骗性质，而是要强调通过一些争议点来吸引感兴趣的用户进行线上或线下的交流互动，进而带动他们将文字、图片或音频、视频进行自发传播，使品牌获得更大的影响力。具体来说，我有几点建议：

（1）不惧怕争论。

在社会化营销过程中，广告主与竞争对手的口碑接触不可避免。有时候，企业与竞争对手之间经常会抹黑对方，经常产生争论。遇到这种情况，企业不能被动应对，而是要主动去迎战，据理力争，让用户的关注点转向自身，再将优秀的产品或服务推向新媒体，借势营销。

（2）不回避问题。

如今信息的传播速度非常快。任何地方发生什么事，只要有网络，就会有人把信息通过网络传递出去，几乎就在一瞬间，世界各地的人都有可能知道这个信息。这种高传播速度带来的变化是，新生企业可能在一夜之间为人所知，品牌企业也可能在很短时间内面临严重的舆论危机。比如上海福喜食品公司是麦当劳、肯德基等洋快餐的供应商。2014年7月20日，该公司被上海广播电视台电视新闻中心官方微博曝光使用过期劣质肉而被调查。此消息在网上发布没多久，就引起网民热议，批评声不断。这一事件，不仅让福喜公司的声誉受到很大损失，就连使用其产品的麦当劳、肯德基等快餐连锁品牌均受到很大的影响。

面对这种新变化，企业在遇到问题时千万不能抱着侥幸心理，希望媒体和社会公众不要关注事件，而是要以一个积极正面、敢于主动承担责任的形象面对媒体和公众的问责，这样虽然不一定能挽回所有声誉，但起码也能将损失降到最低点。

（3）抓住对方痛点。

消费者在体验营销的过程中必然会产生痛点。具体而言，它是自身具备，但竞争对手没有的东西。如果企业只是就产品的功能和价格大做文章，就无法将自己与竞争对手区别开来，营销效果也不会很好。若能找到产品的一些其他特性或附加服务——而这些优势恰恰就是竞争对手所不具备的——加以宣传，效果会更好。

因此，企业在内容创造过程中，若能抓住对方痛点，则能很好地体现出自身产品的优势，创造出差异化的体验，吸引目标客户的兴趣。此外，若被其他竞争对手抓住痛点，也不应一蹶不振，而是要及时应对，将痛点变成痒点或兴奋点，促进品牌传播和品牌溢价。

总之，我们需要提高关注度，但不是靠欺骗炒作，而是要在内容上突出自身产品或服务的差异化，这样才能在内容创造上胜于竞争对手。

追踪政策，避开红线

过去，我们在电视上总会看到各种名人明星代言的广告。在广告中，经常有虚构的故事和场景，也有名人明星作为品牌代言人对产品大加赞赏。这些硬性广告会让观众反感，觉得非常假。不过，在传统营销时代，这种强制性接受的广告也让品牌的认知度得到了很大提升。

当营销人员利用社会化媒体进行内容营销时，他们可能也会想利用同样的方式来操作，不过效果并不好。对此他们可能会产生这样的疑问："为什么社会化营销在内容创造时不能这么做？"

原因在于，社会化营销更多强调企业与目标客户、客户与客户之间的互动交流，进而带动目标客户自动自发传播企业推送的内容，吸引更多潜在人群的兴趣。因此，社会化营销在内容创造上与传统营销有很大区别。

社会化营销是基于社会化媒体的，而博客、微博、微信、百度贴吧、人人网等新媒体把广大网民带入了一个自媒体时代。自媒体的兴起给中国的网络舆情带来很大变化，任何组织都难以避免地卷入其中，服务社会的企业更是最先受其影响。

过去负面信息主要来自电视、报纸、杂志等传统媒体，如今负面信息的来源渠道更加广泛。除传统媒体之外，还可能来自客户、非政府组织甚至是企业内部员工，比如几年前，华为两名内部员工杜撰总裁任正非为了让儿子接班要将董事长赶走的虚假消息。这条消息被一名记者微博转载后，仅一晚上的时间就被广泛关注并迅速传播。第二天，传统媒体就发布了多达1391篇的负面报道，由此引发华为"人事地震"。尽管事后证明此事属子虚乌有，但仍然使华为的品牌声誉受到严重的负面影响。

由此可见，社会化营销时代，很多的负面信息都来源于社会化媒体，这个比例达到70%以上。如今，大家一提到"社会化营销""网络营销"话题，就会联系到"水军""水帖"，对于这些抹黑炒作的幕后推手，央视称之为"网络黑社会"。

政府已经高度重视各种互联网乱象，从2011年起开始重点整治此类现象。中央外宣办、工业和信息化部、公安部、国家工商总局四部门联合发布《深入整治非法网络公关行为专项行动工作方案》。方案强调，要通过专项行动，坚决打击非法网络公关行为，遏制非法网络公关的猖獗势头，维护互联网正常传播秩序和市场经济秩序。①

这项整治行动取得了很好的效果。据了解，仅仅在2个月内，有55家非法公关活动网站被政府关闭，这些网站都是些传播负面信息的"删帖公司""刷票公司"和"水军网站"，还有一些从事"网络炒作"的"网络推手"。

同时，中国网络媒体的主要自律组织——北京网络媒体协会，也在2011年4月27日联合新浪、搜狐、凤凰等140家网络媒体，签署了重新修订的《北京网络媒体行业自律公约》，呼吁通过该公约来提高网络媒体的公信力。

---

① 资料来源：http://news.xinhuanet.com/2011-04/13/c_121300338.htm。

2013年，公安机关在打击网络有组织造谣传谣专项行动中抓捕"秦火火"和"立二拆四"这样的知名"网络推手"，也表明国家有关部门越来越重视网络舆情的管理和控制。同年，"网络名人社会责任论坛"在北京召开，网络管理者和网络名人达成共识，认为网络人应承担更多的社会责任，传播正能量，共守"七条底线"：一是法律法规底线；二是社会主义制度底线；三是国家利益底线；四是公民合法权益底线；五是社会公共秩序底线；六是道德风尚底线；七是信息真实性底线。①

面对政府关于网络舆情管控政策的变动，我认为，企业在社会化营销的内容创造过程中还要注意追踪政策和避开红线。否则，营销人员创造的内容即便抓住社会爆点和目标人群的利益点，也会因为触犯相关法律法规而带来非常严重的后果。所以，营销人员在内容创造之前就需要谨记政策红线。而且为了确保万无一失，内容创造完成之后，还需要交由专人审核，以消除隐患。

当然，国家政策既是社会化营销内容创造的"红线"和"地雷"，也是机遇和爆点，充分利用政策机遇也能对营销效果形成一定的增益。比如，营销人员可以在追踪政策后，发现国家正在鼓励和扶持的产品或服务，并结合企业自身情况进行内容创造，这样可以借势国家政策，提高营销内容的公信力。

2008年由于"三聚氰胺事件"，三鹿奶粉在一夜之间从有到无，整个河北的乳粉产业也遭受了沉重打击，民众倾向于购买价格更高的进口奶粉。而到了2013年，进口奶粉品牌恒天然深陷"肉毒杆菌事件"也给民众提了个醒：进口奶粉的安全性同样让人质疑。2013年12月，国家食品药品监督管理总局发布了《婴幼儿配方乳粉生产许可审查细则》的乳粉新国标。这一标准在原料、配方、工艺等方面提出了更高要求，被称为"史上最严"。

---

① 资料来源：http://media.people.com.cn/n/2013/0812/c40606-22531151.html.

河北省政府2013年制定了优惠政策，并制定规划称："到2017年，全省建成君乐宝等2—3家年产5万吨以上的乳粉企业集团。君乐宝是河北最大的乳制品企业，2013年的销售额为36亿。在河北乳粉企业政策的扶持下，君乐宝婴幼儿乳粉于2014年3月通过了新国标的评估和审核，成为首批获得生产许可的新晋婴幼儿乳粉品牌。"①

中国乳业协会秘书长谷继承认为："如果严格按照乳粉新规的要求和条件进行生产管理和质量管控，我们中国的企业完全可以生产出国际品质的好乳粉。在这方面，君乐宝乳业为中国乳业作了一个很好的表率。"

2014年4月12日，君乐宝宣布其婴幼儿配方奶粉上市，并通过电商直销的方式打出了行业最低的价格，每桶仅为130元（900g装），很快在婴幼儿奶粉市场打开了销路。

君乐宝正是利用政策扶持的有利环境，在很短的时间内就顺利进军婴幼儿乳品市场，获得了大量的社会关注。

总结而言，"360度微资源生态圈"是我构建的一个营销理论模型，它是一个"生态圈"，能够良性发展，进行自我进化。社会化营销中的内容创造想要获得成功，重点在企业与社会化营销公司以及消费者三方面，能形成一个系统、快速、有效的互动机制。

---

① 资料来源：http://www.bjnews.com.cn/finance/2014/04/14/312917.html.

第三部分
实战：不一样的营销方式

第八章
食品饮料行业营销案例解密

　　食品饮料行业直接关系着每个人的身体健康，一直都是社会各界关注的焦点。近几年来，食品饮料安全问题频频曝出，并在社会化媒体上不断传播扩散，给许多食品饮料企业的品牌形象带来了负面影响。

　　而另一方面，食品饮料企业开通微信、微博等社会化媒体账号的数量虽多，但根据相关研究机构推出的《食品饮料行业社会化指数报告》显示，这些企业虽然整体重视，但不善于运营。

　　鉴于此，本章分别选择伊利和蒙牛这两个乳品行业的代表企业，以及可口可乐、星巴克这两家社会关注度较高的企业进行社会化营销案例解读，希望能给食品饮料企业一些启示。

伊利工厂开放之旅

【案例背景】

近几年来，国内食品安全事件频发，特别是乳品行业已然成为众矢之的，消费者对中国乳品行业的整体品质缺乏信任。传统的广告方式很难突破消费者的心理障碍，企业需要独辟蹊径重塑行业形象，赢得消费者的信任。

2013年年初，伊利集团以"态度，决定品质"为主题，声势浩大地开展了"伊利工厂开放之旅"的活动。该活动面向普通消费者，在全国范围内开放伊利工厂，让普通消费者见证伊利产品的品质。

【营销目标】

（1）提升消费者对中国乳品品质的信任度。

（2）维护企业的品牌形象。

（3）获得更多的社会关注和目标客户。

【活动时间】

2013年3月25日—2013年11月30日

【营销案例】

伊利集团于2013年4月6日开展了"伊利工厂开放之旅"活动，邀请全国各地的普通消费者走进伊利的工厂，接受社会各界的监督。伊利通过微博、论坛等社会化媒体发声："率先自律，坚实的品牌底蕴将通过实干得来，行业的公信力要通过卓越的产品品质树立。"

"伊利工厂开放之旅"分为三个阶段：

第一阶段：通过线上的品质广告建立一定的公众认知后，利用电视、户外媒体、网络门户、平面公关软文等多个传统媒体与新媒体渠道，在同一时间宣告参观伊利工厂的活动信息，吸引消费者关注和分享传播。

第二阶段：伊利和活动方规划了"参观工厂特殊专场"，利用明星、草根达人来吸引消费者的眼球。

（1）特殊人物专场：比如，活动当天，伊利的品牌代言人、著名女子网球运动员李娜出现在活动现场，变身"导游"，带领消费者参观伊利工厂。

（2）六一儿童节专场：伊利选择4个城市工厂开设儿童节专场，专门邀请家长和小朋友一起参观。此举能够吸引其主要的目标群体。

（3）《怪兽大学》专场：借势《怪兽大学》8月23日在中国上映，伊利邀请明星学院毛怪和大眼仔来到中国。此举吸引了许多皮克斯的影迷，进一步增加其社会关注度。

第三阶段：伊利集团和活动方开展"怪兽欢乐吓令营"活动，整合户外、移动端和电影院的媒体资源等，线上线下相互结合。其充分利用这些媒体，将活动的信息全方位渗透到消费者的各种触媒方式中，获得目标人群的大量关注和参与。

伊利集团通过这次"伊利工厂开放之旅"活动，有效提升了消费者对中国乳品品质的信任度，尤其提高了伊利品牌的美誉度和产品的销量。

【案例分析】

伊利集团通过"伊利工厂开放之旅"活动，给外界塑造了一个良好的品牌形象。这可以称得上是一个经典的社会化营销案例。从营销技巧的角度分析，我认为有以下几点值得参考：

第一，开放是社会化营销的重要特点。

社会化媒体的开放性决定了社会化营销也必然是开放的。案例中伊利的工厂开放之旅体现的就是开放性。当企业在微信、微博上发布内容后，用户很快就能看到活动的信息，这既有利于用户进行交流讨论，又有利于用户之间的分享和转发，可以扩大宣传效果。

第二，传统媒体与社会化媒体的整合造势。

虽然现在已经步入社会化媒体时代，但电视、报纸、杂志这一类的传统媒体对于信息的传播仍然有不可忽视的作用。案例中，伊利用电视、户外媒体、网络门户、平面公关软文等多个传统媒体与新媒体渠道，在同一时间发布了参观伊利工厂的活动信息，吸引消费者关注和分享传播。

因此，企业在进行营销活动时，不可一味图新、图变、图快，而是要结合活动的特点，选择合适的媒体进行宣传。这样能最大效用地利用媒体，保证营销的效果。

第三，制造营销事件，吸引更多的关注。

在活动过程中，伊利活动方通过阶段性地制造亮点，举办了一系列的专场活动，并结合内容引爆话题，有效地造势，吸引更多的关注聚焦。

具体说来，活动方通过名人专场、六一儿童节专场和《怪兽大学》专场，同消费者走在了一起，让他们感受到伊利的亲民形象。

第四，抓住目标人群利益点。

一个营销活动效果的好坏，在很大程度上取决于是否抓住消费者的利益点。正如参观活动的一位消费者所说："伊利将我们这些普通消费者请进家门，来亲眼看看伊利的生产流程，让我们眼见为实，大家也放心。"在食品安全问题成为热点话题后，消费者除了关注产品的价格，更注重产品的品质。

很显然，消费者亲自去参观伊利工厂，了解伊利产品的生产流程和工厂环境这些具体的内容，能够彻底打消他们对产品的心理疑虑。

可口可乐的快乐昵称瓶

【案例背景】

澳洲可口可乐发起的"Share a Coke"营销活动取得了很大的成功，不过国内客户们的名字众多，要是在瓶身上都印上消费者名字，肯定会得不偿失。于是代理商想到时下流行的网络昵称，这样的做法既可以用年轻人的语言说话，同他们玩成一片，又能便于年轻人和朋友进行分享。

【营销目标】

（1）鼓励消费者在当年夏天能够多购买可口可乐，并与其他人一起分享。

（2）目标销售额能够增长10%。

（3）持续促进消费者对"可口可乐"这一品牌的热爱，促使目标人群增长2%。

【活动时间】

2013年5月29日—2013年8月31日

【营销案例】

2013年5月24日，知名演员黄晓明发出了这样一条微博：

大咖？和我有关吗？不应该是土鳖吗？正在《岳飞》MV拍摄现场找回当英雄的感觉，就收到了可口可乐的特别礼物。以后都要用这个"大咖"瓶装喝的吗？吼吼。

这条微博发出后不久，引来了无数网友的围观。可口可乐公司是在黄晓明完全不知情的情况下给他定制并送出了印有"大咖黄晓明"的昵称瓶可乐。于是黄晓明自发在微博上"晒瓶子"，引来他的粉丝在微博上大量地转发和议论。不过，可口可乐公司却跟个局外人一样，对于黄晓明收到昵称瓶这件事没有做出任何回应。

过了大概一周时间，知名歌手林俊杰也和黄晓明一样，收到了可口可乐公司私下为其定制的"有为青年"昵称瓶。他也发出一条微博：

谢谢可乐送我有专属名字的瓶子，*Special edition Coke bottle with my name, thanks Coca-Cola*！

接下来，黄健翔、王心凌、蔡少芬、林更新、姚笛、汪东城、炎亚纶等明星和意见领袖都纷纷收到了这些有个性的昵称瓶，并纷纷在微博或其他社交网站"晒瓶子"，分享收到昵称瓶后的惊喜和疑惑。

可口可乐这才算拉开了这次营销的大幕。

其实，在2013年的5月份，可口可乐公司就同代理商一起竭尽所能搜集名人明星和意见领袖的联系方式，并且在绝对保密的情况下，把这些量身定制的昵称瓶可乐寄给他们。

由于这部分寄送对象一直以来都是网民围观的对象，他们分享的内容自然会成为广大网民讨论的热点话题。围观的网民看到这么多有意思的可口可乐昵称瓶，也纷纷在微信、微博和论坛上热议，很多人都想买一个带有自己标签的昵称瓶。对于网络上出现的议论热潮，可口可乐官方一直保持沉默。

直到2013年5月28日，各大社区网站上陆续出现了22幅昵称瓶的悬念海报，这些都是可口可乐公司以官方名义贴出，但却没有该公司的Logo。比如在"技术男"昵称的海报上写着："一起分享'技术男'的专属快乐！5月29日，与你共同期待。"与此同时，可口可乐还同媒体与营销大号建立互动合作。各个大号根据自身属性与对应的昵称瓶悬念海报建立互动。许多网友都在热议5月29日到底会发生什么。

到了5月29日这一天，可口可乐通过官方微博正式推出"昵称瓶"包装，发布全新包装的海报。一时间，可口可乐换装的消息遍布微博、天涯、百度贴吧、豆瓣、人人网等社交平台，大量的传统媒体也进行跟踪报道。

据统计，参与这次活动的用户超过160万，相关的信息达33亿条。新包装的可口可乐可谓未卖先热，一经推出就在年轻的消费者群体中获得热烈反响，迅速成为年轻人追捧和互动的热卖品。

【案例分析】

"文艺青年""有为青年""吃货""纯爷们""喵星人"……当你从货架上看到这些包装的可口可乐时，会不会觉得亲切可爱，进而产生购买冲动？可口可乐公司的CMO（首席营销官）乔·特里波迪（Joe Tripodi）说过："这是一个消费者被赋予权力，消费者和品牌关系非常紧密，消费者被网络紧密连接在一起的全新时代。"

过去企业可能只需要生产出质量好的产品，再做个好广告，给目标客户营造一个积极的产品形象，就可以把产品推向市场。但社会化媒体的出现改变了品牌的营销思路和方向。作为全球顶级的广告主，可口可乐公司注意到了时代变化对品牌营销的新要求。

可口可乐公司在新产品推出之前，通过社交媒体造势，提升人气，最终获得超预期的营销效果。具体说来，其充分利用社会化媒体的特性，在内容创造上面下功夫。营销人员通过研究后发现，社交媒体的内容通过借势，很容易形成病毒式传播。而且，网民还有一种称为"围观"的群体性网上行为。了解这些之后，他们围绕文艺工作者和意见领袖的分享和疑问大做文章，并推出悬念海报，让越来越多的网民进行围观。

在这起经典的营销案例中，我总结出一点：可口可乐这一次夏季品牌营销主要是以悬念的制造和对"围观心态"的运用为主。只有让消费者真正被悬念的话题所吸引，触动他们的内心，才能让他们积极参与话题互动，并与周围的朋友分享，进一步提高话题的热度。这也暗合我在"360度微资源生态圈"理论中提到的："通过制造悬念的话题，打造社会爆点。"这样的内容创造才能引起巨大的反响，真正形成病毒式营销，让参与活动的消费者自动自发地将营销的内容传播出去。

蒙牛乳业："你的疑问，我的责任"

【案例背景】

近些年来，乳品行业信任危机持续恶化，在这种舆论环境下，"@蒙牛微客服"应运而生。这个微博账号是乳品行业第一个微博客服平台。为了扩大这一平台的影响力，蒙牛于2012年邀请了近30位微博意见领袖在平台上进行沟通互动。

2013年，乳品行业巨头纷纷开展了一系列年度性的开放与沟通活动，希望构建一个开放的舆论环境。在这一形势下，蒙牛于2013年开展"你的疑问，我的责任"活动。

【营销目标】

（1）进一步完善体系化、常规化的线上和线下开放机制。

（2）吸引更多消费者的关注，让更多普通消费者积极发声。

（3）践行企业开放策略，维护企业品牌形象。

【活动时间】

2013年5月—2013年11月

【营销案例】

2013年5月23日是世界牛奶日，当天，蒙牛乳业正式在微博、微信以及网站等新媒体上发起"你的疑问，我的责任"年度品牌沟通活动。此次活动以"有问必答，有求必应"为宗旨，就企业的发展与问题、产品的日常消费等内容同消费者和网友进行了即时沟通。

这次活动主要分为两个阶段：

阶段一：2013年5月28日，#问倒小客服#第一季活动——"528，问我吧"主题日活动。

活动方整合@蒙牛乳业、@蒙牛微客服微信发起了"问倒小客服"活动。该活动以对话形式为主，并在大量网络媒体上号召网友对蒙牛微客服积极提问，号召大家一起来提高"蒙牛小客服"的知识能力。

据活动方统计，仅活动当日通过微博话题的沟通互动，就直接在蒙牛官方微信上引发了近2000次的互动。在活动全面启动后，消费者可以通过蒙牛官方的微博、微信平台，IMILK网页专题参与活动。@蒙牛微客服、@蒙牛质检员晓素会就网友提出的牛奶、蒙牛相关的任意问题，以专题邮件甚至是视频的形式，同消费者一一交流，让他们对蒙牛品牌和产品形象有一个新的认知。

具体来说，在微博上有15名人工客服通过智能客服系统在10分钟内与提问的网友进行一对一的沟通；在微信上，关于牛奶投诉和咨询的关键词自动触发式回复多达1200条（关键词涵盖变质、过期、涨包等消费类问题以及蒙牛历史事件等），同时连通微博客服后台，每天超过10小时的人工客服分批处理回复。

于此同时，蒙牛面向全国各地的消费者，开展了"绿色蒙牛，幸福畅游"活动。活动期间，蒙牛所有的工厂都对游客开放。接下来，蒙牛还邀请了@司马南、@童大焕、@急诊科超人于莺、@张颐武等意见领袖参观工厂，共计8批近100人次，并与蒙牛总裁面对面沟通与乳品相关的话题。

阶段二：2013年10月22日—10月30日，#问倒小客服#第二季活动——冬季养生篇。

这一阶段，活动方主动发起了话题互动，这次互动的内容主要是秋冬季节的牛奶养生问题。一方面通过蒙牛自身的官方微博和官方微信主动向网友发声，呼吁他们提出一些有关"秋冬饮奶"的疑问；另一方面，专业人士@蒙牛质检员晓素会在微博中就网友提出的重点问题，组织专门的长帖来解答。这一小活动持续时间为一周，总共在微博和微信上搜集问题350多个，参与直接沟通的消费者多达300余人。

这一次年度品牌沟通活动，吸引了大众媒体、自媒体的大量报道或转发，覆盖上千万人。据活动方统计，至2013年11月底，网友总共提交了多达26000多条问题，累计产生了55000多次互动。2013年全年线上相关微博转发近18万次，评论10万次，并产生了268万次阅读，话题覆盖的粉丝为3619万人。

【案例分析】

众所周知，国产乳品行业在近些年来一直处于舆论的风口浪尖，稍有不慎，相关企业就会被社会舆论拉下马来，很难东山再起。蒙牛的这一次年度公关活动对于维护整个国产乳品行业的公信力和自身品牌形象具有很大的作用。

这里，单从整个案例的实施过程和策划思路分析，此次活动的特点主要体现在以下方面：

第一，互动沟通，拉近用户距离。

蒙牛在活动实施过程中，充分利用微博官方平台（@蒙牛微客服）的交互功能，迅速拉近了其与消费者之间的距离。在活动期间，每个月有将近一万次的互动问答，并且活动的影响力进一步扩大，最终创建了微信客户中心。与此同时，蒙牛乳业还在线下举办活动，将互动发挥到极致。

这里要告诉读者的是，在社会化营销过程中，企业的营销团队一定要重视同用户的沟通，强化品牌与用户之间的紧密联系。微信、微博这样的社交平台更适合让用户与品牌之间产生情感上的联系，而且可能会将传统营销的"1对N"转变为"1对1"，形成一种针对每一个用户的个性化营销方式。

第二，情感营销，重中之重。

在社会化营销时代，企业的营销人员只看到社会化新媒体的强大功能是远远不够的。我们应该把关注点放在如何利用这些新媒体平台同用户建立起情感联系上。

为什么要重视这一点呢？因为科学研究表明，每个人的行为主要受情感的驱动，而情感又是受到思维驱动的。普通人的思维链条都是"思维——情感——行动"。所以，当用户参与蒙牛的"问倒小客服"或是线下体验旅游参观活动时，他们对于企业的好感度也就会大大增强，其最后肯定是支持蒙牛产品，并产生实际的购买行为。

星巴克微信定制活动

【案例背景】

星巴克（Starbucks）成立于1971年，目前是全球最大的咖啡连锁店。在微信推出不久后，星巴克就建立了公众账号。不过当时星巴克并没有重视微信，以至于在建立公众号后不久就出现了用户活跃度低、新增用户日益减少的状况。

【营销目标】

（1）突破注册用户数增长缓慢的瓶颈，带来一批新的用户。

（2）改善微信用户数的活跃度，提升官微的传播力。

（3）利用微信的强关系，让用户能够自动自发地进行宣传。

【活动时间】

2013年9月9日—2013年9月22日

【营销案例】

2013年中秋之际，星巴克借助中国民间传统节日的契机，利用微信公众账号鼓励用户与亲戚、同事互动、交流，并结合线上活动，让用户进一步了解星巴克的品牌，提升其影响力。

活动确定"用五湖四海方言，送天南地北祝福"的主题，希望用户借助星巴克微信平台，制作中秋微信祝福送给亲朋好友，且祝福形式没有特定限制。在13天的活动时间里，用户可通过微信上传语音、照片等内容，按照微信提示的流程完成交互，合成创意视频或图片，再转发给朋友或是分享到朋友圈为圈中好友送祝福。

在活动推出之前，星巴克就通过实体店、DM、报纸、杂志以及微信、微博、论坛等媒体进行造势宣传，让消费者对活动的内容有一定了解，一些忠实的消费者也把信息传递给同事和亲朋好友。

接下来的活动首日，大量用户开始关注星巴克的官方微信，并积极参与到活动中来。据活动方事后统计，活动首日参与人数占到活动总人数的55%，整个活动期间共计有7084人参与，日均活跃用户为1306个，中秋节当天的参与人数最多。

通过这一次活动，星巴克微信平台获得了许多新用户，同时用户的活跃度也有了很大的提升。新用户增量达12.6万，而且活动中用户自发传播的效果非常惊人，1个用户能够带动17个新增用户。

【案例分析】

星巴克的微信定制活动，给我的第一印象就是看起来非常实用有趣，而且它的互动性非常强，能够给参与活动的用户带来很好的体验。

过去，星巴克的定位是相对高端的商务人士。而现在，越来越多的年轻人成为新用户群体。星巴克适时利用微信这款现今流行的移动互联网工具进行营销，有助于获得这一部分新群体的关注，提高其用户的数量和活跃度。

与这一次微信定制相类似的是，星巴克在过去的几年里，多次利用微信平台进行营销。比如"自然醒"活动，只要用户在活动期间关注星巴克的官方微信，并输入表情符号就可以获得星巴克推送的《自然醒》专辑中的音乐，而且每首音乐都是根据用户的表情符号发送，非常贴合用户当时的心情。"自然醒"活动给星巴克收获了十几万新粉丝。

相较于"自然醒"活动，星巴克这次活动主要是为了获得新客户，并保持用户的活跃度。不过两次活动的相同之处在于，星巴克在发展过程中，一直都很重视以新媒体激发用户参与互动，这些都可以从星巴克之前的广告投放和其在微博、人人网、开心网等社交媒体上发起的活动窥知一二。

现在星巴克选择微信这个强关系平台进行宣传推广，也符合星巴克的价值取向。微信在互动方面具有天生的优势，利用微信公众号，不仅用户与用户之间可以实现有效的互动，而且企业和其他平台的厂商也能参与到这些用户的沟通中，并能即时监测用户的舆情走向。

其一，吸引微信用户参与活动，利用活动的传播性，提升用户注册量。

虽说在微信这样的社会化媒体上，注册用户的数量并不能完全决定这一平台的影响力和辐射范围，但它仍然起着举足轻重的作用。排除恶意注册等情况，注册用户的数量和增长率对平台的传播效果有很大的帮助。这样的活动在很大程度上提升了星巴克微信用户的活跃度，增强了官方微信的用户黏性，对星巴克的品牌影响力也起到推动作用。

其二，利用创意活动的交互性与用户进行持续互动，提升用户活跃度。

　　社会化营销是创意的营销，归根结底还是要回到内容上，无论是文字、图片，还是音频、视频，它们都是内容创造的主要元素。

　　企业在新产品、活动和相关信息需要宣传推广时，可以参照星巴克这样的方式。相比传统的短信问候、电话问候等方式，利用微信这一类强关系新媒体平台进行传播更具有吸引力。通过这种方式的传播，用户能更积极地参与到活动中来。当然，为了保证用户的新鲜感，活动方要准备尽可能多的内容，或者及时把用户上传的一些精彩内容展现给大家，这样能让用户保持对活动的新鲜感。

　　最后，星巴克的营销活动很注重实际效果，它并没有脱离业务去单纯地讨好粉丝，没有为了娱乐而营销。因此在增加注册用户数和提升活跃度之外，其品牌的影响力和销售量也有很大的提高。

第九章
快速消费品行业营销案例解密

　　快消行业是随着互联网的普及而兴起的。如今，快消品已经占据了我们生活的方方面面。相关企业要想让自己的产品变得"快销"，就必须深度研究消费者的网络行为，充分利用各种社会化媒体工具进行品牌的宣传，这样才能在行业中脱颖而出。

　　本章选择巴黎欧莱雅、康师傅、飘柔和阿迪达斯这几个知名快消品企业，对它们推出新品以及维护、更新品牌形象的社会化营销进行解密，让读者对快消品行业的社会化营销有一个较为全面的了解。

巴黎欧莱雅流畅眼线水笔：爱上这一笔改变

【案例背景】

　　巴黎欧莱雅是全球领先的美妆品牌，引领全世界女性的生活方式和美容观念。为了在年轻消费者群体中获得更多的影响力，进一步开拓市场，巴黎欧莱雅签约当红歌手李宇春作为品牌的全新代言人。

2013年，欧莱雅眼线家族的新产品——全新流畅眼线水笔上市，巴黎欧莱雅选择李宇春倾力代言，意在维护其在全球眼线市场的地位。

【营销目标】

（1）提升产品的销量。

（2）吸引消费者关注产品，产生购买行为。

（3）提升产品的网络关注度，扩大"eye改变"的概念。

【活动时间】

2013年8月16日—2013年12月10日

【营销案例】

如今，生活在都市的女性大多会化妆出门。而对于眼妆，不少人有困惑：眼线怎么画？什么样的眼妆适合自己？在不同场合该化怎样的眼妆？……针对消费者对于眼妆的各种困惑，巴黎欧莱雅与合作方通过三个阶段的宣传，让这款产品能够被更多的消费者认知和购买。

第一阶段是网络口碑。在产品推广前期，活动方决定利用好代言人李宇春热炒眼妆和眼线笔的话题。作为明星代言人，李宇春虽然经常出席众多公开活动，却很少会带着眼妆上镜。恰逢其以评委的身份出席热播的选秀节目"快乐男声"，于是，活动方借此曝光她在节目中的大胆改变，成功制造出"李宇春画眼线"这样一个话题事件，在网络上掀起了很大的声量。并且，活动方还借助节目的高关注度，有效扩大了传播的效果。

接下来，活动方于2013年10月1日—10月10日在微博上开展进一步的活动。用户在活动期间只要关注"@欧莱雅彩妆大师"的微博，并按照"#Eye改变#我要用一笔明晰顺畅的眼线，勾勒像李宇春一样的魅力双眸！+@欧莱雅彩妆大师+@3位好友"这样的格式转发并评论微博，就有机会获得欧莱雅流畅眼线和李宇春高清眼线美图（转发每满500次）以及媒体礼盒大奖1份（随机抽取）。

第二阶段属于整个活动的引爆期。这期间活动网站上线，活动参与者直接拖动鼠标或者扫描二维码，就可以"拔"出眼线笔的笔盖。这时候，参与者就能看到屏幕的模特眼部会被刷上一层眼线妆容。在眼线观察器的设计过程中，设计人员将模特的眼部特写设为动态模式，并且用真人模特进行拍摄，使得参与者能感受到最真实的改变效果。

此后，活动网站又推出眼线搜索器，它能够根据用户的化妆水平、眼型、场合等将眼线的使用者进行分类，并能实时列出上百种眼线资讯。参与者只需要选择眼线需求即可搜索到眼线技巧、真人Tips和潮流眼妆等相关信息。活动方还在活动网站页面加入促销信息，用户点击相应的页面就会自动跳转到网购页面。同时，参与者通过扫码进入WAP页面后，根据提示上传个人真实照片，就有机会获得彩妆大师定制的专属眼线妆容，并在新浪微博中进行发布。

活动的最后一个阶段是眼线模特的海选。2013年10月28日至11月21日，活动方在10个城市40所高校开展了眼线校园路演活动。由彩妆师现场打造眼线妆容，拍摄妆后照片，上传后通过网络评选出最佳眼线模特，人气学生还有机会登上《瑞丽》杂志。

经过这次活动，巴黎欧莱雅流畅眼线水笔的电商销售量增长了40倍，总销售量居欧莱雅眼线家族的首位；线下高校路演活动，参与度高达50%；"欧莱雅彩妆大师"的微博粉丝量增长将近1倍。

【案例分析】

从营销角度分析，巴黎欧莱雅流畅眼线水笔"爱上这一笔改变"的活动对一些传统化妆品牌的社会化营销具有很强的示范性作用。

第一，目标人群定位准确，营销效果事半功倍。

由于这一活动的目标人群是年轻群体，这部分群体基本上都有智能手机，经常上网，喜欢接受新事物。活动主要通过扫描二维码以及分享微博的方式进行，有利于精准定位年轻人这一受众群体，让她们提高对欧莱雅流畅眼线水笔这一款新产品的认知度。

另一方面，其品牌代言人李宇春刚好是当时"快乐男声"的评委，这一节目的目标受众有很大一部分与欧莱雅眼线笔的目标受众是重叠的。

第二，主动出击，创造内容。

这次活动利用李宇春担任当时社会普遍关注的"快乐男声"节目评委的契机，成功借势，利用社会热点事件创造出新的话题，使得"李宇春画眼线"这一新话题事件迅速在网络上大范围地传播。

第三，全方位覆盖，线下重点城市推广。

这一案例对社会化营销人员的另一个启示是，活动的主办方通过纸媒、网络、微博、现场活动等多种方式进行立体化营销，覆盖了这款产品的绝大多数目标人群。同时，活动方还挑选了10个消费能力和新事物接受能力较为出色的城市进行重点推广，有利于提高活动的转化率，提高参与人群的质量和整个活动的影响力。

康师傅"3+2"饼干"跳出我的More Young"

【案例背景】

康师傅"3+2"苏打夹心饼干是康师傅控股有限公司推出的一款产品，多年来一直是同类产品中的佼佼者，在原来的消费群体中具有很高的品牌认知度。

但近年来，随着在网络时代成长起来的新一代消费者的崛起，康师傅"3+2"饼干面临品牌活化的挑战，需要重新树立一个更年轻化的品牌形象，以获得新一代目标人群的青睐。

【营销目标】

（1）塑造一个更为年轻化的品牌形象。

（2）获得更多的目标客户和社会关注度。

（3）提高康师傅"3+2"饼干的销量。

【活动时间】

2013年3月2日—2013年6月30日

【营销案例】

动感的舞步，一直以来都是年轻人充满活力的表达方式。康师傅与合作方通过活动创造了其品牌的专属舞步，并结合线上的创新技术和线下新奇体验将这一舞步转变成全新的品牌符号。这次被称为"跳出我的More Young"活动，主要分为三个阶段。

首先，活动方利用网站、论坛、贴吧、微博、微信等多个渠道宣传，只要用户拿起手机扫描二维码，就能让手机实现游戏手柄的功能，操纵电脑上的跳舞游戏。活动参与者可以用这种新奇的方式，同康师傅的产品代言人在游戏中一起跳舞。

接着，活动方开始第二波营销宣传，将舞步从线上跳到线下，在北京、杭州、广州等六个城市进行大规模体验活动，让参与者能通过活动上的趣味互动一起跳康师傅"More Young"舞步，并且用这种趣味学习的方式决出线下"舞王"，吸引大量年轻人现场参与。

O2O线下活动之后，活动方又借助相关技术，将线下体验活动现场的视频制作成互动视频。用户选择自己的好友后，就可以将对方的头像融入视频中，让那些没有亲自参与的朋友也成为舞步活动的主角。同时，用户的好友在收到提示后，马上就能观看自己的"舞步视频"。这一做法，使得互动视频触达更多的用户，借助好友的社交力量，吸引到一些产品的潜在受众，并提高了活动的关注度。

据活动方的数据统计，活动期间，总共有333万人在线上线下参与了品牌舞步的相关活动（其中线上有332万人次参与，人均参与3次以上，线下有1.2万人参与）；多达2046万人次通过微博、互动视频关注了这一次活动（其中互动视频分享1001万次，微博话题1045万条）。

【案例分析】

康师傅"3+2"饼干"跳出我的More Young"活动取得预期效果，最大的特点就是利用新技术和线上线下的互动，充分将目标人群吸引过来。这一点很符合营销界流行的"鱼塘理论"①。

如何让年轻一代这一目标群体进入康师傅"3+2"饼干的"鱼塘",这就需要企业与合作方策划一个吸引力足够强的引流渠道。案例中,活动方通过扫描二维码对所有的"鱼"进行了初步筛选:扫描二维码需要智能手机,喜欢扫码的有很大一部分是追求流行文化的年轻一代。

当这些人进入引流的渠道之后,活动方又开始进入第二次筛选:参加其线上线下的活动。这时候有一部分人开始参与到这样的活动中,并且在各自的社交圈中自发传播,使得活动的覆盖范围更加广,吸引到一些远道而来的"新鱼"。"新鱼"和"老鱼"都进入引流渠道之后,活动方就准备收网,将这些符合条件的"鱼"全部引入"鱼塘"后,活动才算告一段落。

康师傅"3+2"饼干的营销案例无疑是成功而富有创意的,其创意要点包括:

第一,吸引消费者眼球,注重时效性。

康师傅"3+2"饼干属于食品里面的快消品(更多关于快消品的营销案例,笔者将在下一章详细介绍)。在这个行业里,企业主要通过普通消费者大量反复性的购买来保证销量。因为这样的产品在消费者眼里可能只是一份零食或者早餐,并没有那么重要。消费者对于这种产品的购买习惯大都非常简单、迅速,带有冲动性,这些与营销活动的时效性、直接性和多样性是相匹配的。

因此,对于饼干这一类产品的营销活动,越是吸引消费者眼球的方式就越能让他们记住产品的品牌形象,并积极购买该产品。还有一点,这类产品的外包装就是一个很好的广告渠道。类似的企业可以在产品外包装上打上活动广

---

① 鱼塘理论:即把客户比喻为一条条游动的鱼,把客户聚集的地方比喻为鱼塘。鱼塘理论认为,企业应该根据企业的营销目标,分析鱼塘里面不同客户的喜好和特性,采取灵活的营销策略,最终实现整个捕鱼过程的最大成功。

告和二维码，让购买产品的消费者了解到活动，进而锁定产品，参与到活动中来。

第二，线上线下互动，提升营销效果。

通过这种传统媒体、社会化媒体与线下多渠道、立体化的营销推广方式，许多目标客户和潜在客户逐渐了解到康师傅"3+2"饼干更为年轻时尚的一面。通过这样一次互动性很强的深度体验，该品牌的认知度在新一代年轻人中得到进一步提升。

第三，增加新用户，掌握第一手资料。

线上线下的互动，能为康师傅的媒体平台增加许多粉丝，并且相关的用户资料能成为康师傅后续营销活动的第一手资料。

飘柔"秀出来，勇敢爱"

【案例背景】

飘柔是最早进入中国的洗护发品牌之一，用户在过去就对该产品柔顺的特质印象非常深刻。过去几年，飘柔通过系列柔顺爱情故事，感染到许多年轻的消费者。

但随着洗护发市场竞品对消费者的激烈争夺，以及消费者将注意力转向新媒体的趋势，使得原先传统的营销模式效果减弱，飘柔很难继续保持过去的优势。

为了成功续写飘柔爱情故事，并同年轻的消费群体进行沟通互动，飘柔需要提升其品牌的影响力。

【营销目标】

（1）扩大活动声量，使活动主题成为社会关注点。

（2）同目标客户群体进行多次且深度的交互，增强用户黏性。

（3）在目标受众中大幅度提高其品牌影响力，并建立和稳固以品牌为核心的社交关系网。

【活动时间】

2013年11月11日—2014年2月14日

【营销案例】

这一活动主要分为三个阶段。

第一阶段：中国单身男女调查。

飘柔通过《健康之友》杂志开展一项关于单身问题的调研，面向的样本多达5万个。同时，与技术合作方一起对新浪微博的大数据进行深入分析挖掘，绘制出一份独一无二的中国单身分布图。之后，飘柔借助这两份独家资料，通过微博、动画视频和APP等方式向网友展示了非常有特色的中国单身现状。

（1）单身调研报告

该报告从样本的收入、职业、年龄、星座等方面分析出单身一族的基本属性和习惯，然后在社交网站上大范围推广。

（2）《剩女那些事儿》动画

2013年11月11日是一年一度的"光棍节"，活动方适时将这段三分钟的动画视频在优酷上线。当天，山西卫视7点"新闻播报"特地播放了这段长达2

分钟的有趣视频。央视网等相关的媒体也纷纷转载了这段视频。

第二阶段：夫妻相配对，寻找缘分注定的另一半。

每年12月12日是"爱的表白日"。飘柔充分抓住这个热点话题，推出《勇敢·爱》微电影，该电影以微博红人的真实事件改编。同时，飘柔还在优酷互动Mini Site上开展"上传照片，你就是飘柔微电影女主角"活动，吸引网友主动创造了大量的原创视频和微博内容。[①]

此外，飘柔还在新浪微博和QQ平台推出"上传照片，测夫妻相指数"活动。活动方利用智能人脸识别技术，根据参与者上传的照片自动匹配相似指数较高的异性，为单身男女迈出第一步提供平台。活动仅上线一个月，就在新浪微博上产生了1100万个相关话题。

2013年11月13日，飘柔代言人杨幂在新浪微博上宣布结婚的消息。飘柔抓住这个社会热点话题，及时在新浪官微及关键意见领袖两方面进行推广。很快，"用飘柔，马上有真爱"的话题被创造并广泛传播开来，还得到了杨幂的关注和转发。

第三阶段：飘柔定制APP，传播爱情故事。

这一阶段，飘柔在定制APP中开设爱情故事展示页，并发布《下一步·爱》微电影，借此鼓励粉丝在爱情面前，要勇敢迈出下一步。

接下来，飘柔在线下铺设了许多公交站牌广告，并结合微博上的悬念内容，引发了大量网友的猜想互动。据统计，单条微博的互动量就多达6795次。

飘柔"秀出来，勇敢爱"活动利用多个社交媒体平台的整合运用，与年轻消费者达成深入的沟通互动，取得了很好的效果：活动产生了3.75亿的新浪微博曝光量，1960万条互动；新浪微博上产生了高达1280万条关于"秀出来，

---

① 优酷活动站链接：http://minisite.youku.com/rejoice/。

勇敢爱"的话题，其中有两个相关话题进入新浪微博热门话题排行榜。

【案例分析】

飘柔"秀出来，勇敢爱"的营销活动取得了预期的效果，对于相关企业尤其是快消品行业企业在提高用户黏性和品牌影响力方面，具有很强的参考意义。

那么，具体该怎样去做呢?

第一，充分交互，引发病毒式传播。

在网络时代之前，病毒式营销在传统媒体的传播过程中就已经发挥了巨大的作用。让我印象深刻的是史玉柱的脑白金广告，他在电视上花巨资投放的"今年过节不收礼，收礼只收脑白金"广告可谓是家喻户晓。到了社会化营销时代，病毒式营销更是焕发了新的生命力，找到了它施展威力的主战场。

案例中，飘柔多次利用微博、定制APP等新媒体工具，成功地发挥了这些工具即时性和互动性的特点，增强了其品牌与用户之间的交互感，有利于用户自动自发地去传播活动的信息，从而为病毒式传播提供了一个很好的契机。

第二，抓热点，重内容。

病毒式营销属于社会化营销方式中的一种，要想充分引发病毒式传播，提升营销活动的效果，我们首先需要明确的是，病毒式营销的关键不在渠道，而在于内容。

在我的"360度微资源生态圈"理论体系中，我把内容创造也看得很重。如果把社会化营销看作一棵枝叶俱全的树，那么好的内容就是这棵树的主干，枝干越粗壮，它才能有更多的枝丫（分渠道传播），最终长出繁茂的叶子（用户的自发传播）。案例中，飘柔利用代言人结婚这一热点创造出新的话题内容，成功地提高了社会关注度。

第三，逐层递进，达成营销目标。

社会化营销与传统营销的一个区别是，它不是简简单单靠一个广告、一篇长长的软文就能实现营销目标的，它注重的是在营销过程中培育客户，提高品牌与用户之间的黏性。因此，社会化营销一般都是阶段性的、逐层推进的，切不可急功近利，迫切要求实现营销目标。毕竟，用户的黏性和对品牌的认知都需要一个相对长期的过程来实现。

adidasGirls女生特权日活动

【案例背景】

adidas（阿迪达斯）是全球知名的高级运动用品制造商。adidasGirls是阿迪达斯新推出的女子运动表现系列，包括阿迪达斯女子训练、女子户外、女子跑步、女子游泳及Stella等。adidasGirls作为品牌宣传名，代表其动感、年轻、活泼的品牌形象。

这一系列的品牌代言人是台湾著名女歌手田馥甄Hebe。2013年2月22日，阿迪达斯开通了"@adidasGirls"的博客，正式入驻新浪微博和腾讯微博两个平台。

Nike旗下的Nikewomen是该品牌的最大竞争产品，为了区别品牌形象，这一系列取名中加入了"Girls"作为品牌宣传的重点。虽然adidas在原有消费群体中的影响力很大，但adidasGirls作为阿迪达斯对其产品进行分类汇总后的新产品，还是面临着不小的压力。

【营销目标】

（1）通过"以姐妹之名"的概念宣传，在目标客户群体中形成一个动感、年轻、活泼的品牌形象。

（2）获得一批品牌的忠实粉丝。

（3）通过网络上积极的讨论和互动，提高其网络声量和品牌认知度。

【活动时间】

2013年2月22日—2013年4月30日

【营销案例】

为了让adidasGirls这一新的品牌系列以最快的速度为消费者认知，adidasGirls的活动方开展了女生特权日活动。这一活动主要分为三个阶段：

第一阶段：主动定制adidasGirls专属风格，定义及归类所有话题内容（白色情人节、星座跑步、女生日、减肥、激励话题等）；制定每年每月内容及用户主题；分析女生热门的话题，每周及时更新讨论内容。

比如下面的内容：

①#以姐妹之名#不用化妆，没有形象，跳到汗流浃背，发髻散乱。就在跳舞时，与姐妹共同享受最真实的自己。

②与姐妹们一起去环保，也必须是姐妹们的美好时光！对一次性筷子*say no*！对环保袋*say yes*！周末，#以姐妹之名#约上姐妹去户外运动，不做费电的宅女！做个保护地球的*supergirl*，一小时还不够。

通过这样的内容，进一步为adidasGirls品牌进行定位，吸引了大量的粉丝加入互动讨论。经过2个月的推广时间，adidasGirls新浪和腾讯官方微博总共增加了7万名粉丝，尤其是新浪微博长时间保持高达99%的粉丝活跃度，更是增强了活动的效果。

第二阶段：经过上一阶段的粉丝聚集，adidas继续开展"女生特权日"的新活动，用来配合"以姐妹之名，全倾全力"活动。

具体可分为下面几部分：

（1）在女生节前后，活动方通过@adidasGirls微博平台发布了女生节阿迪达斯实体店的折扣优惠信息，同时为了"女生特权日"预热，特别强调3月7日女生节和3月8日妇女节的不同之处。比如其在微博平台上贴出一条微博：

#女生特权日#姐妹们，你是选择过3.7Girl's Day，还是3.8Women's Day? 3.7女生我最大：礼物? OK! 专车? OK! 可以任性? OK! 3.8姐妹一起来：一起购物，一起美食，一起欢歌! 偶尔的放纵，其实也OK! @adidasGirls的姐妹们，准备好了吗? 今天是特权日，属于你们的惊喜马上就要揭晓啦!

（2）为#女生特权日#进行微直播，选择复旦大学为活动现场，现场播报女生享受特权的快乐和惊喜。

（3）在#女生特权日#微直播结束后，马上发布店铺大量优惠信息，以吸引更多的女生去阿迪达斯门店购买产品，享受折扣信息。

这一阶段的活动除了自身拥有的关键意见领袖进行宣传之外，还获得了一些微博大号的自发转发，提升了实际的传播效果。

据活动方统计，adidasGirls女生特权日活动共获得互动达31612次。包括新浪微博、腾讯微博和优酷网在内的285家网络媒体平台进行了宣传互动，并借助关键意见领袖的支持，整个adidasGirls活动的互动率维持在惊人的98.8%，而且没有负面信息出现。该品牌系列深入人心，许多粉丝都有强烈的购买欲望。

【案例分析】

adidasGirls女生特权日活动非常成功，对于一些品牌企业推出新品进行社会化营销具有很强的借鉴意义。具体而言，主要有以下几点：

第一，利用明星成功引流，获得精准用户。

在adidasGirls女生特权日活动前期，活动方主要是宣传造势，为其两大官方微博带来稳定的粉丝，这是一个平台创建的过程。这一过程中，其有效利用代言人田馥甄Hebe的影响力，成功将Hebe的一部分粉丝引流进@adidasGirls的官方微博中。因为Hebe的粉丝大多数都是追求时尚的年轻女孩，她们刚好符合adidasGirls的产品定位。

这种做法给我们的启示是，在选择产品的品牌代言人时最好选择那些粉丝相关度高的明星。

第二，以热点话题制造新话题，提升关注度。

在网络时代，"眼球经济"已经越来越被认同。两个质量、价格相差无几的产品，消费者肯定会优先选择有品牌、曝光度高的产品。为了获得更高的社会关注度和更大的网络声量，adidasGirls女生特权日活动就充分利用了"3月7日女生节"这一社会热点话题在复旦大学制造了线下热点事件，获得了更多的关注。

以热点话题创造新的热点事件对苦于内容创造的营销人员来说，也不失为一条蹊径。

第三，意见领袖配合媒体宣传，扩大宣传效果。

关键意见领袖（KOL）[①]并不是一个新词，它是由传播学者保罗·拉扎斯

_____

① 关键意见领袖：在营销学上，它指拥有更多、更准确的产品信息，且为相关群体所接受或信任，并对该群体的购买行为有较大影响力的人。

菲尔德在20世纪40年代提出的。在案例中，许多对穿着打扮和运动有专业性建议和心得体会的意见领袖也为宣传做了很大的贡献。

面对传统广告的过度传播，许多用户开始反感甚至逃避广告，这种状况让传统广告的效果大大降低，加之新媒体的种类和数量都在急剧增长，使得受众不断分流，广告的成本也在不断增加。活动中，许多关键意见领袖能够通过传播相关的正面信息影响这一领域的受众，能够有效引导受众进行最终的购买和提升对品牌的忠诚度。

第十章
汽车行业营销案例解密

随着人们生活水平的提高，汽车逐渐成为大众消费品。根据公安部交管局公布的数据显示，截至2014年底，我国汽车保有量为1.54亿辆，其中汽车驾驶人数超过2.46亿。

在这一背景下，汽车行业一直都以较快的速度发展。随之而来的是，国内外各大汽车企业也开始在中国捉对厮杀，竞争越来越激烈。因此，无论新老品牌，这些企业进行社会化营销来宣传自身品牌都迫在眉睫。

本章精选凯迪拉克、沃尔沃、奔驰、宝马、比亚迪这五家知名的国内外汽车企业的社会化营销案例，并通过详尽有力的分析，让更多想了解汽车行业社会化营销的读者有一个较大收获。

凯迪拉克XTS上市预热

【案例背景】

凯迪拉克在微博兴起后不久就开通了微博。随后，其又与时俱进，开通了微信等流行的社交媒体账号。长期以来，相对于其他个性鲜明的品牌营销方式，凯迪拉克的做法并不算突出，但它在一直尝试着用自己的思路和方式通过社会化媒体与消费者进行沟通。

【营销目标】

（1）为凯迪拉克XTS上市预热，提高社会声量。

（2）增加其官方微博和微信的粉丝数量，扩大目标客户群体。

（3）提高凯迪拉克全系车型的销售量，振兴国内凯迪拉克市场。

（4）提高品牌的认知度和美誉度。

【活动时间】

2013年2月18日—2013年2月25日

【营销案例】

凯迪拉克XTS是其在2013年推出的最重要的一款豪华轿车。早在春节前，凯迪拉克就高调宣布用国际巨星布拉德·皮特作为这款新车的形象代言人。接下来，凯迪拉克的活动方围绕这款新车和新的代言人，开始在社会化媒体平台展开一系列的营销活动。

这一系列营销活动以微博和微信为主战场，共分为下面4个部分：

第一部分——上市发布会倒计时：7天创新问世。

从2013年2月18日开始，凯迪拉克参考《圣经·创世记》中上帝用7天创造世界的神话，通过凯迪拉克的双微平台发布了7天倒计时的海报。每天发布一张，并配有不同的图文说明。

其中，前面三张海报的文案偏向于神话风格，其后三张海报的内容则侧重于突出凯迪拉克XTS的功能诉求，最后一张直接用主题文案，以激发消费者对上市发布会的强烈期待。其文案内容如下：

第7天：上帝说，要有光，黑夜从此灼耀；

第6天：不想让大地沉默，上帝鼓动了熔岩；

第5天：上帝用风雕塑流线，也雕刻出了棱角；

第4天：他丹田的震颤，唤起万籁共鸣；

第3天：他用峭壁抵御狂风，用顽石抗击巨浪；

第2天：他可以弹指间，慧画出未来；

第1天，创新问世。

第二部分——明星微博接力，倒计时微直播。

除了7天倒计时的海报外，凯迪拉克还同步进行了另外一种形式的倒计时活动。其利用各种关系找来各领域的明星和意见领袖进行微博接力，并在最后一天开始倒计时微直播。

这些接力的嘉宾包括张俪、蓝燕、任重等当红演员，陆琪、麦家、苏岑等知名作家，音乐家关喆以及节目主持人杜海涛等。这些人在接力微博上分别写下对于XTS的个人理解，以及对这场倒计时发布会的期待。

第三部分——发布趣味动画视频。

为了激发潜在客户的购买欲望，凯迪拉克还在微博、微信等多个社交媒体平台上发布了一套趣味动画视频来具体讲述凯迪拉克XTS的传承与创新之处。

其趣味动画视频主要有：《凯迪拉克XTS传承与创新：Bose音响篇》《凯迪拉克XTS传承与创新：设计篇》《凯迪拉克XTS传承与创新：CUE篇》《凯迪拉克XTS传承与创新：动力篇》。

第四部分——微信呼应微博，多渠道渗透。

凯迪拉克充分利用强关系的微信，在其创建的凯迪拉克微信公众号上对XTS的上市进行了相关推送。虽然在推送的内容上与微博没差异，但微信拥有更加庞大而量化的群体，对传播效果贡献很大。

【案例分析】

管理思想家普拉哈拉德在《消费者王朝：与消费者共创价值》一书中提到："我们正进入一种'自下而上的经济'，在这种经济中，消费者会钟情那些他们能参与其中的企业。"

凯迪拉克XTS在上市预热的过程中开展了一系列社会化营销活动，其中最大的亮点是让消费者参与活动的互动中，形成一种生理和心理上的独特体验。

经过一年多的时间，凯迪拉克XTS的销量是对这一营销活动最好的评价。在这里，我从案例中总结出几点关于社会化营销的启迪：

第一，寓教于乐的视频，彰显品牌辉煌历史。

案例中，凯迪拉克通过在社交媒体上发布的一套趣味动画视频来让关注群体了解凯迪拉克曾经的光辉历史，突出了XTS传承品牌的辉煌。

在这里，我想同读者分享的是品牌的价值。毫不夸张地说，品牌是一些企业的生命线和发展的基础。比如，我们在购物的时候看到一些国产品牌和国外知名品牌的同款产品在定价上相差很多，尽管它们在功能和材质上几乎没有任何区别。这种品牌的差异性在信息高速传播的社会化媒体时代显得更为重要。

在社会化过程中，保持品牌的完整性和统一性非常重要。案例中凯迪拉克的视频不仅展现了其品牌的历史，还突出了其豪华、不断创新的品牌特性，有利于潜在目标客户了解品牌，进而关注凯迪拉克XTS。

第二，微博、微信两翼齐飞，攻城略地。

凯迪拉克的这次营销活动非常细致而清晰，具有很强的层次性。其引人关注的是对微博和微信的完整利用以及对营销细节的把控。尽管其在微博和微信上发布的内容几乎一致，但主要的营销目标却不一样：在微博上互动主要是为了宣传，以提高其网络声量，获得更多的社会关注度；而微信上的互动主要是为了刺激那些真正有购买欲望的潜在消费者转变为实际的消费者，提高凯迪拉克XTS的销量。

第三，明星接力，吸引网友关注。

尽管凯迪拉克的这次营销活动并没有邀请名人明星深入参与，只是邀请他们帮忙发个微博，但因为这些公众人物的号召力和影响力较大，也为产品和发布会进行了一次有力的宣传。这一点，从明星接力发出的微博的转发数和评论数就可以了解。

沃尔沃中国订阅号

【案例背景】

随着移动互联网时代的到来，微信已经日益发展成一个庞大的社交平台，成为移动端口最重要的入口。作为当下最火热的社会化媒体平台，许多企业将品牌营销的阵地转移到了这里。

沃尔沃汽车是世界著名的豪华汽车品牌，也是最早进入中国市场的国际汽车制造商之一，以优越的性能和高安全性著称。然而，许多中国的消费者对它的产品以及品牌的内涵了解得都不全面。

此外，其原先的消费群体中，中年人占比较重。针对这些情况，2013年沃尔沃发布了"以人为尊"（Designed Around You）的新品牌战略。同时，沃尔沃借S60L的新品发布会的时机，吸引消费者关注沃尔沃中国订阅号（微官网）。

【营销目标】

（1）沃尔沃中国订阅号配合2013年沃尔沃的新品发布会，提高沃尔沃中国的关注度。

（2）使消费者能更好地从沃尔沃中国订阅号中体验产品，了解品牌最新资讯，参与日常的互动，以达到增强用户黏性和提高成交率的目的。

（3）通过强视觉体验，吸引更多对沃尔沃产品感兴趣的潜在消费者。

（4）进一步传播品牌形象和产品信息。

【活动时间】

2013年12月

【营销案例】

2013年12月，全国各地的大多数沃尔沃4S店都举办了沃尔沃新品S60L发布会。在活动现场，观众可以通过扫描宣传海报上的二维码来关注沃尔沃中国订阅号。

观众扫描沃尔沃中国订阅号后，通过手机就可以在订阅号的网页上看到品牌、产品、售后服务等信息，时刻了解品牌的动态。

为了照顾消费者的阅读体验，沃尔沃中国订阅号灵活利用微信的模块化工具，在网页设计上展现了更为人性化的架构。相对于以往饱受诟病的企业公众账号，沃尔沃中国订阅号将消息的正文内容都缩叠进了二级页面，订阅号的集体提醒取代了主动推送。而且，其主要推送与创意、体验相关的精品内容，消费者可根据自己的偏好自由选择内容阅读。这种做法，有利于吸引用户持续关注。

此外，为了让消费者在移动终端上有更好的体验，沃尔沃将许多车型都在微官网上进行精简还原，使用户在手机上就能拥有直观的视觉体验。这种做法，有利于让用户全方位了解产品信息，挑选出自己喜欢的汽车。

该订阅号能从外观到内饰、配置参数、性能以及舒适体验等方面全方位展现产品的信息，使用户能自主选择喜欢的车型，不需要去4S店询问。

当用户挑选出自己喜欢的汽车后，他就可以选择预约试驾了。这时候，沃尔沃中国订阅号为消费者提供了完善的一体化服务，它可以根据用户的地理位置自主导航到就近的4S店，用户只要留下个人联系方式，就可以摆脱过去复杂的试驾申请流程，实现轻松预约。

更有新意的是，沃尔沃中国订阅号还运用最新的科技，增添了金融购车方案。消费者可以使用贷款金融计算器，通过动态的数据库来分析购车所需款项的数额。这一做法最大限度地为消费者考虑，体现了沃尔沃中国"以人为尊"的新品牌战略。

通过这一次推广，沃尔沃中国订阅号积累了将近4万的浏览量，用户在其页面的平均停留时间达到了3分16秒，新用户的增长率达到72.91%，极大地增强了用户黏性。

【案例分析】

沃尔沃中国订阅号这一案例，让我感慨最深的是，随着科技的进步和移动互联网时代的到来，微信这一款功能强大的软件在社会化营销时代，将会发挥出越来越重要的作用。

那么，在利用微信进行社会化营销的过程中，企业的营销人员具体该怎样操作呢？

第一，利用二维码，提高转化率。

也许在几年前，二维码可能还是一个时髦的新词。殊不知短短几年后，二维码的概念和形象早已随着微信的兴起和移动互联网时代的到来而变得人尽皆知。如果你还未扫描过二维码，那就落伍了。别小看这些黑白小方格组成的矩形图案，它里面可有一个信息的大千世界。

企业在利用社会化媒体进行传播的过程中，有效利用二维码可以实现更为精准的目标人群定位。因为只有感兴趣的用户才会主动拿起手机扫描二维码，来了解相关营销活动的详情，这无疑像一把筛子，将没有任何营销价值的人群排除在外，保证了活动的高转化率。

第二，以人为尊，用户主动参与。

沃尔沃中国订阅号的模块设计充分体现了其"以人为尊"的新品牌战略。无论是传统的营销，还是社会化营销，归根结底还是要回到营销上来。而现在是一个"体验为土"的时代，重视用户体验，才能抓住用户内心真实的情感需求。

无论是菲利普·科特勒所提倡的"每个产品传递的都是服务，每个行业其实都是服务行业"，还是国内营销大师刘克亚说的"世界上根本没有营销，只有人性！悟透了人性，一切营销问题都将迎刃而解"，他们观点一致的是，现在这个时代，"以人为本，体验为王"才能真正地抓住这些目标客户。案例中，沃尔沃的试驾模式和金融购车方案等创新设计无不体现着这一理念。

第三，微信扫码，吸引新用户。

在这之前，沃尔沃汽车的消费人群主要是一些中年人，而通过沃尔沃中国订阅号的宣传推广，其新品很快被消费者所熟知，吸引了更大范围年龄层次消费者的关注。这其中，就有相当一部分是热衷于时尚、潮流等信息元素的年轻人。他们通过扫码关注沃尔沃中国订阅号后，体验到了沃尔沃品牌更为年轻的品牌形象，进而发展成为沃尔沃的新用户。

奔驰、宝马联手世界杯社会化营销

【案例背景】

几乎每一届世界杯，有"德意志战车"之称的德国队都是一支备受瞩目的强劲队伍，拥有大量的球迷粉丝。奔驰、宝马是德国汽车的两大著名品牌，它们充分利用世界杯德国队对战葡萄牙队的时机进行联合宣传，很快就在网络上获得了大量关注。

【营销目标】

（1）利用世界杯这一热点话题，提高自身品牌的关注度。

（2）展现各自品牌的魅力和风度（美誉度）。

（3）强调双方的竞合关系，给消费者和媒体带来一个新的定位。

（4）提升品牌的价值，吸引更多目标人群购买德系车。

【活动时间】

2014年世界杯期间

【营销案例】

宝马和奔驰都是世界著名的汽车品牌，两者均来自德国。长期以来，两者在外界看来都是竞争对立的关系。2014年巴西世界杯期间，两家公司出乎意料地联合起来，开展了一系列的社会化营销活动。

第一阶段：2014年6月16日22：47，宝马和奔驰两大品牌在各自的官方微博同时发布了下面的微博：

敬友谊,为悍将,齐喝彩!德系战车凝聚信仰披甲上阵。今夜零点,#We are one team#逐悦巅峰!@梅赛德斯-奔驰

共把盏,齐上阵,同进退!德系战车两强合璧剑指前敌。今夜无眠,#We are one team#闪耀寰宇!@宝马中国

这两条微博不仅发布的时间一致,而且在内容上也极其相似,不得不让看到微博的网友感慨宝马和奔驰的"基友"情深。微博一经发出,网友们就纷纷围观,不断转发和分享这两条微博,使之很快在网络上传开,获得了很大的

网络声量。

第二阶段：6月17日凌晨，在德国队以4∶0的比分战胜葡萄牙队后，宝马和奔驰官方微博又迅速于早上6∶59，不约而同地发出了相关的微博：

宝马中国：再见江湖，相逢亦是对手。@梅赛德斯-奔驰

梅赛德斯-奔驰：旗开得胜，合力所向披靡！@宝马中国

宝马和奔驰这两个品牌利用巴西世界杯的契机，通过赛前赛后的互动，共同创造并推动了#We are one team#的话题，不仅为世界各地关注它们的人传递了德国的精神和足球精神，还淋漓尽致地展现出双方的大气风度，引发了巨大的关注，并吸引人们进一步参与分享和转发。

【案例分析】

这一个案例不是单一的企业营销活动，而是独具匠心地联合传统意义上的竞争对手，借社会热点话题，利用优秀的文案和社交媒体进行的一次社会化营销活动。

很显然，这两大品牌是在互相借势，而且效果非常好，这对一些竞争对手无数的企业具有一定的参考意义。

第一，文案精心设计，效果事半功倍。

从案例中的4条微博来看，双方的微博文案用得非常巧妙对仗，并且在最后都直接@了对方，这一举动直接让同时关注双方官微的网友知道其中的联系，非常具有趣味性。同时，这些文案也充分体现出了两个品牌的大气风度。

从这一点也可以看出，社会化营销虽然有别于传统营销，但是内容创造仍是关键，一个优秀的文案能起到的效果绝对是惊人的。不过其中的变化是，

基于阅读偏好的改变，人们更乐于阅读图文结合的文案，而不是干巴巴的文字。案例中的微博文案均配有足球场和双方品牌的汽车，充分将世界杯和双方的品牌融入在一起，最大程度地激发人们的阅读兴趣。

第二，细节设计，彰显匠心独运。

在微博文案中，双方的品牌在配图中均采用各自品牌的常用字体；在德国队胜出之后的微博配图中，两个品牌的赛车背向的图片也不同，两者均是将自身品牌的赛车配图做了放大处理。

第三，借势，互动营销是关键。

从这个案例可以看出，互动对于社会化营销来说越来越重要。这里的互动不仅是同用户的互动，还有同媒体的互动、同合作伙伴的互动，甚至是同竞争对手的互动。那么如何才能借势做一次成功的互动呢？

对此，我根据"360度微资源生态圈"的相关理论，对如何利用竞争对手，提出几点思路供大家借鉴：

（1）要找到可以配合互动的竞争品牌。毕竟，这次宝马和奔驰能表现出"基友"的情怀，而国内的康师傅和统一、王老吉和加多宝就很难达成这样的合作了，所以寻找合适的互动品牌很关键。

（2）选择热点事件的融入。巴西世界杯是这次营销活动中借势的热点事件，两家企业成功利用德国队征战世界杯的契机，创造出"We are one team"的话题，吸引网友关注。

（3）意外惊喜，吸引网友热议。案例中通过这两个品牌之间的"基情"互动，充分调动了网友八卦的特质，吸引了他们强势围观，也为病毒式营销创造了可能。

（4）做好进一步的包装传播工作。光发这几条创意十足的微博还是不行的，在这次互动营销中，很多官方媒体和自媒体都对这些微博进行了评论、分享和转发，使得更多的网友进行了二次传播。

比亚迪"秦"整合营销

【案例背景】

2013年，比亚迪将比亚迪汽车微信公众账号进行了第一次技术升级，并开通了微信官网，增加了互动活动发布体系、预约试驾、LBS服务等多个微信模块，意在提升用户的体验。

随着比亚迪新款车型"秦"的上市，比亚迪希望以微信公众平台为核心，以微博为辅助的方式进行新车系的宣传，期望快速建立口碑，并提高比亚迪品牌在受众群体中的认知度。

【营销目标】

（1）充分结合线上线下资源，打通社交媒体平台与线下活动之间的联系。

（2）提高比亚迪"秦"相关推广活动的传播效率。

（3）提升比亚迪"秦"的品牌关注度。

（4）增加微信的粉丝数量，加深粉丝对新车型"双擎双模"卖点的印象。

（5）促进目标客户转向实际的购买。

【活动时间】

2013年9月23日—2014年1月8日

【营销案例】

比亚迪"秦"是比亚迪股份有限公司自主研发的DM二代高性能三厢轿车。为了这款高端电动汽车的上市，该公司的营销团队开展了一系列的社会化营销活动。

（1）寻秦记之"随手寻秦"。

用户只要拍摄身边含有"秦"字的图片，然后发微信参与活动就有机会获得奖品。这一次活动拉开了营销的序幕，在微博和微信上吸引了大量的参与和关注，有多达23万人次参与了话题。

（2）寻秦记之"千里寻秦"。

比亚迪组建"寻秦"车队，并在途经的各地同媒体和粉丝进行交流试驾活动，让大家有亲身体验试驾的机会，吸引了更多的人气。活动期间，官微的阅读量达到400万以上。

（3）秦你来定——仪表设计大赛。

比亚迪通过启动仪表盘UI设计征集活动，获得了几百个风格多样的全液晶仪表设计方案。同时，比亚迪根据实际情况，将这些方案在车型上逐步实现，这让活动的参与感十足。

（4）秦·战列国。

2013年10月27日，"秦·战列国"——比亚迪"秦"直线加速擂台赛在北京密云机场举行。这次活动有34辆车挑战比亚迪，包括保时捷911、GTR等知名跑车，其预热及比赛视频的点击量高达1801.5万。

（5）秦微电影《跑不赢的飞人李建国》。

通过卢正雨导演的这一部微电影，在预热、微视频发布等方面策划好争议点，视频发布当天的点击量超过35万。

（6）联动比亚迪e购操作平台。

通过极具创意的网络传播和销售方式，100台比亚迪"秦"在2秒内迅速售罄，创造了国内汽车网上销售的新纪录。

【案例分析】

美国未来学者阿尔温·托夫勒在《未来的冲击》一书中提出：经济发展在经历了农业经济、工业经济、服务经济等浪潮后，体验经济将是最新的发展浪潮。显然，托夫勒的预言是对的，如今经济的走向正从服务经济转向体验经济。

在这种趋势下，"谁掌握了体验，谁就掌握了客户"正在变成企业间公开的秘密。微信、微博等社会化新媒体的兴起，让企业的营销人员找到了一个增加用户体验的工具。那么，如何具体运用这些工具去增加用户的体验呢？

第一，传统推广与社会化营销相结合，立体营销功效大。

我们要明晰的一点是，虽然现在是社会化营销时代，许多新媒体的地位得到了很大的提升，但是传统的推广方式仍然具有很好的效果。案例中，比亚迪将微信、微博营销结合到传统的推广体系中，通过一些报纸、电视以及线下活动的形式，覆盖了更大范围的人群，也有利于粉丝进行二次传播。

第二，利用自媒体，扩大宣传效果。

互联网以及智能手机的普及，使我们进入了一个自媒体时代。我们发现，各种各样的声音充斥着市场，传统意义上的"主流媒体"的声音日益变弱，越来越多的人们开始不愿再去听一个统一的声音来了解产品的相关信息。

在新的时代，人们可以通过许多社会化媒体获得独立的资讯，并对接收到的信息进行自我判断、评价或传播。这给消费者带来的一个变化是，当他们每天在新媒体上向其他人分享消费体验时，他们自己所扮演的也是营销者的角色。因此，每一个人既是消费者，也是营销者。

案例中，比亚迪的营销团队通过微信、微博等社会化媒体的宣传组成了一个影响广大的自媒体矩阵，为比亚迪"秦"新车型的上市做了充分的宣传造势，吸引了一大批微信粉丝参与活动及相关的互动，充分调动了社交媒体平台每一个粉丝的"自媒体"属性。

可以说，每一个品牌本身就能形成一个自媒体，具有一定的传播力量，只要用户对品牌形成依赖，成为它的忠实用户，他们就会自发向周围人宣传这一品牌。

第三，强调用户体验，增加微信关注和活跃度。

比亚迪这一次微信整合，让大家都看到了其对用户参与互动的重视程度。社会化营销强调的是利用社会化媒体进行传播和互动，以增加用户对于产品或服务的兴趣，并转化为实际的销售。

尽管微信、微博等社会化媒体平台功能强大，但用户体验仍是这些平台的基石。这是每一个营销者都要重视的问题。我们评价这种活动的效果，并不是仅仅看粉丝数量、转发数量的多少，而更要看互动和网络舆情的变化，真正做到让企业的官方微信和微博"动"起来。

微信、微博仅仅是一个营销的工具，真正能起效果的是用户能在参与互动的过程中体验到一种很愉悦、新奇的感觉。做到了这些，用户才会对你的产品或服务感兴趣，乃至转化为企业的长期客户。

第十一章
文化行业营销案例解密

　　互联网重新定义了消费者如何选择和消费文化产品，从而改变了文化产品的分销渠道。商业的信息来源渠道呈现逐渐去中心化的趋势，社会化媒体的发展为文化行业带来了空前的机遇。文化行业生产的大多是一次性消费产品，人们无法在消费之前亲自体验，所以人们在选择文化产品时，往往更加相信从亲朋好友处得到的"类似体验"。文化行业适合社会化营销，许多文化公司经由社会化营销取得了不错的成绩。

　　本章选取文化行业中比较具有代表性的旅游产业、影视产业、体育产业、出版产业作为分析对象，采用鲜活的案例具体分析，让企业在具体的案例中了解社会化营销的作用和方法。加州旅游局、《致青春》、NBA、知乎网，是这些产业里面社会化营销做得比较成功的典型。抓住这些典型，或许能够为一些文化行业公司带来一些启示。

美国加州旅游局"我摇到加州"

【案例背景】

一直以来，国内许多长途旅游爱好者，大多会选择去欧洲：去巴黎看埃菲尔铁塔、参观巴黎圣母院，去伦敦看大本钟、参观英国国家博物馆，去柏林看勃兰登堡门、参观柏林墙。但是，他们很少会选择去美国的加州，因为，他们不知道加州的风景和文化。

在中国，许多人不知道好莱坞、硅谷在加州，不知道加州以阳光海滩、购物天堂、家庭娱乐名扬国际，不知道加州是迪士尼乐园的发源地，不知道环球影城、斯坦福大学、一号公路、红杉公园都是加州的著名旅游景点，不知道90%的美国葡萄酒产自加州。

基于以上情况，加州旅游局决定自2014年4月开始，重点在中国展开营销活动。

【营销目标】

（1）提升加州在中国的知名度。

（2）增加去加州旅游的中国游客。

（3）宣传加州文化。

【活动时间】

2013年4月8日—2013年4月28日

【营销案例】

加州旅游局的社会化营销，将新浪微博作为核心传播平台，通过"阳光面对面"（沙滩和森林公园）、"文艺范儿"（博物馆和艺术文化）、"吃货游踪"（美食、美酒及农作物）、"奢华之旅"（购物享受）等5个微博核心主题，讲述大家不认识或不清楚的加州的一切。在整个活动期间，加州旅游局开展"加州旅游达人"的问答活动，网友只要正确回答问题，就有机会赢得加州旅游局送出的精美礼品，甚至是免费加州游。通过问答活动，粉丝增加了对加州的认识。

加州旅游局还找到了相关度高的真人加V微博用户，如@田原（著名艺人）、@陈亮途（社会化营销实践者）、@维克吃素（电子杂志出版人）等，通过跟他们沟通交流，让他们成为加州旅游粉丝，并让他们在合适的时机，转发或原创关于加州旅游的内容，参与到加州旅游的推广活动中来。

整合式推广"我'摇'到加州"活动。从2013年4月开始，加州旅游局就开始为4月12日加州州长访问上海造势，通过线上社交媒体推广、名人参与、手机趣味活动等手段，推广"我'摇'到加州"活动。其目标是要在短时间内，引起大家对加州旅游的关注。利用新浪微博移动客户端上已有的"摇一摇"功能，把大家都爱使用的简易"摇一摇"功能应用在加州旅游推广上，结合"我要到加州"的传播点，将"要"与"摇"进行了谐音替换，从而产生出了一个成功的活动创意——"我'摇'到加州"。

加州旅游局的社会化营销，让国内消费者很快了解了加州的文化，认识到加州的旅游价值。

【案例分析】

旅游消费有不可预消费和不可重复消费的特点。旅游者很难在出发前亲自体验，只能根据他人的体验和信息分享做出选择。旅游行业的消费特点注定了旅游适合社会化营销，加州旅游局正是抓住了这一点，构建360度微资源生态圈体系，打了一场社会化营销的漂亮仗。

我们来分析一下加州旅游局社会化营销。

加州旅游局整合线下媒体、网络社交媒体初步构建宣传推广生态圈。4月8日—27日，12台遍布上海市的LED户外屏幕广告牌轮番上映广告，借着广告牌上的二维码链接官方微博，加上网络广告投放也链接官方微博，宣传加州旅游局在新浪微博平台上发布的"我'摇'到加州"全国活动，号召网友通过新浪的"摇一摇"功能参与抽奖活动，从而增加加州旅游局微博的粉丝数量和关注度。网友们可以通过网络获取信息，而一些爱锻炼的大爷大妈可以在户外媒体上了解这次营销活动。媒体资源的整合，使加州旅游局的宣传信息覆盖范围更广。

加州旅游局通过微资源平台与受众充分沟通。加州旅游局在新浪微博上开展"加州旅游达人"的问答活动，通过问答的形式了解受众对加州认知的模糊区，了解受众对旅游的需求情况，并解答网友提出来的各种问题。沟通的顺畅有利于加州旅游局收集客户反馈，并根据客户反馈改进服务。

加州旅游局巧妙借助了3位喜欢旅游的意见领袖——@田原（著名艺人）、@陈亮途（社会化营销实践者）、@维克吃素（电子杂志出版人），邀请他们到加州旅游，实地体验加州的风景和文化，并通过他们在旅游期间发布的微博，把加州美好的一面展现给消费者。田原等人在各自的圈子里影响力很大，粉丝对他们的微博认同感很强。加州旅游局通过这些意见领袖的号召力，引发了受众的关注，盘活了推广生态圈。

线上线下结合扩展生态圈。生态圈是可扩展的，不同的生态圈通过节点结合在一起，形成更大的生态圈。首先加州旅游局在4月12日的"我'摇'到加州"活动启动仪式上，加州州长杰瑞·布朗宣布演艺名人高圆圆成为首位华人加州旅游大使，即时抽奖并颁布了全国性的"我'摇'到加州"活动的大奖，把宣传推广生态圈和高圆圆的粉丝圈串到了一起。这一举措借助名人效应，放大了传播效应。其次加州旅游局还与一些驴友会、旅游社联系，积极推广线下营销活动，把营销的圈子做大。圈子的扩大，使受众不断增加，目标群体也不断扩大，有利于受众向消费者转化。加州旅游局通过线上生态圈持续的活动和分享，强调愉悦享受和体验收获，通过线下的活动让消费者更加关注加州，线上线下生态圈互相联结，使2013年暑期到加州的国内旅客环比增长率超过20%。

加州旅游局借助360度微资源生态圈体系的完美体现，出色地完成了社会化营销的目标。加州旅游局的成功为旅游行业的营销提供了生动的案例，旅游行业的"在线上"和"在路上"之间的转换离不开社会化营销。

《致青春》引爆社会化媒体，12天突破5.2亿元票房

【案例背景】

《致青春》是由赵薇执导的一部有关大学恋情、怀念青春的校园电影。

电影在2013年4月26日上映，同档期上映的有韩国导演吴基焕执导的爱情片《分手合约》、以同名电视剧为基础改编的生活喜剧片《金太狼的幸福生

活》、大制作电影《特种部队2：全面反击》、动漫电影《疯狂原始人》、香港悬疑片《同谋》等。

五一前后，正值大学毕业季，大学恋情、怀念青春的话题很热。

【营销目标】

（1）电影取得较好的票房成绩。

（2）电影赢得观众良好口碑。

（3）导演和演员获得业界认可。

【活动时间】

2013年3月—2014年5月

【营销案例】

《致青春》在2014年4月26日上映，档期不属于传统意义上的"情人节""暑期档""贺岁档"等热门档期。避开大制作的外国大片，电影跟网络热点结合紧密，跟网友的情绪相契合。《致青春》顺应了不少人怀念大学恋爱、怀念青春这一热点话题。

《致青春》的官方微博自从开机前就建立了，官微从开通以后，日均发微博5.3条，但自从进入推广周期以后，微博的发布数量急剧上升，公映这天达到最多的50条。在一年两个月的运营时间里，该官微总共发了微博2409条，全面记录了电影筹拍、开机、制作、上线的全过程。

微博提早宣传后接着是公益活动前期预热。电影上映前，雅安地震刚发生，在第一时间，赵薇代表剧组向壹基金捐助了50万元，这个举措既是做慈善，又是很好的电影预热方式。

影评宣传建立舆论。电影组织了大量影评专家、意见领袖，为电影写正面影评，首先吊足大家胃口。在电影推广的高潮阶段，赵薇利用自己和光线传媒的人脉，大力助推电影：韩寒、何炅、黄晓明、王菲、李克勤、赵又廷、韩红等好友纷纷助阵，王长田、徐铮等光线系艺人力推，再加上天才小熊猫、小沈阳、延参法师、史玉柱等各行业知名人士外围发力推广，电影建立了强大的舆论，吸引了受众眼球。

后期演员推广互动。在电影推广后期，《致青春》官方微博利用赵又廷、郑凯等主要演员频繁参与娱乐和访谈节目的机会，发布微博，不仅创造了"赵又廷，你有神经病啊"的微博体，还频繁地让主创参与微访谈，进一步延续微博的热度。

结合移动媒体。《致青春》后期与手机游戏《找你妹》合作，推出"致青春"游戏关卡，取得了不错的关注率。

线上线下结合。《致青春》不仅在各种社会化媒体上宣传造势，在影院海报的内容和线下宣传活动形式上也非常注重开放性和话题性。特别是几个主角的怀旧形象海报，引发了网友PS热潮。海报的PS、线下的活动进一步增加了社会化媒体讨论的话题数量，话题热度持续走高。

《致青春》创造了上映12天票房突破5.2亿元的佳绩，观众反应普遍较好，赵薇和主要演员获得了业界认可。

【案例分析】

《致青春》制作成本仅6000万元，票房却已超5亿元，耀眼璀璨的收益得益于背后无孔不入的社会化营销。《致青春》社会化营销的策略主要有以下几点：

第一，微资源平台宣传。

《致青春》官微从电影开拍就开始宣传，每天都有新信息发布。各个不同圈子的大咖有意无意地参与了这一社会化营销的过程。据不完全统计，参与互动的24个微博大V，其粉丝总数接近3.7亿，并创造出了"你有神经病啊"等热点话题。宣传方频繁让主创参与微访谈，延续了微博热度。大量影评专家撰写影评，意见领袖引领网友评论方向，进行口碑营销。《致青春》的成功，除了影片本身的因素之外，很重要的一个原因是创造了热点话题，引爆了微资源平台，这些因素为电影获取口碑、关注度、票房提供了基础。

第二，情感营销戳中观众泪点。

打情感牌的青春爱情电影，总是引起不少人的共鸣，这点从电影《那些年，我们一起追的女孩》的火爆程度就可略见一斑。《致青春》则将这副"情感牌"运用到了极致，几乎辐射了所有年龄段的观众。影片中，学生生活在20世纪90年代，对应的就是如今的"70后"，他们的人生阅历恰好覆盖了影片所有段落，包括校园中青涩的初恋、热血的生活，以及毕业后面对现实的无奈。"80后"和"90后"们有些正在经历大学生活，虽然如今他们的条件要优越得多，但是那种校园文化还在。青春是人生的玫瑰，虽注定凋零，却用生命怒放。青春是每人必走的一条弯路，乱石磊磊，满途芬芳，只要勇敢一次，便会青春不朽。《致青春》的情感营销，戳中了观众的泪点，从一定程度上满足了观众的情感需求，抓住了观众的心，也就吸引了观众的眼球。

第三，360度整合资源。

手机游戏已经成为人们最重要的休闲生活之一，《致青春》宣传方显然看到了这一点，立即与当时非常流行的手机游戏《找你妹》合作，推出"致青春"关卡，增设了电影中几位主角的漫画头像，立刻成为热门话题。

除游戏、微博、朋友圈之外，《致青春》宣传方也没放弃利用网络，它与著名论坛合作推出"分享青春回忆"活动，吸引网友关注。另外，《致青春》主创参加多档电视访谈节目，吸引了大批电视观众。

除了线上推广，《致青春》线下活动做得也很好。巨型海报宣传、现场发布会都取得了不错的效果。

360度整合资源，全方位立体式合作，符合360度微资源生态圈理念，让《致青春》进入到了观众生活的许多层面，最终反映在5.2亿元的票房上。

电影市场的号召力不仅体现在电影本身的艺术性上，同时还体现在营销的方式和策略上。广泛利用微资源，关注观众内心情感需求，打造360度微资源生态圈，整合资源全方位营销，是国内电影行业宣传的有效方式，也是将来电影制作宣传的趋势所在。

NBA携手新浪打造社会化营销航母

【案例背景】

NBA在战略计划中将联赛定位于全球化产品，实行全球化的市场发展战略。NBA的产品核心是以篮球竞技为主的竞赛产品，产品本身的利益点就在于更多更好地吸引观众的眼球。

据NBA提供的数据：截止到2014年6月，有超过25%的NBA球迷来自中国，数量估计有3亿以上，这几乎达到了美国的总人口数；有大约500多种NBA产品在中国热销。中国已经成为了NBA最大的海外市场。

如何牢牢抓住中国市场，吸引中国观众，是NBA海外策略重要的课题之一。与中国本土媒体资源合作，开展适合中国的营销，是NBA正确的选择。作为中国最大的赛事直播平台之一，新浪自然而然地成为了NBA的合作伙伴。

新浪是中国最具影响力的门户网站之一，在赛事宣传推广活动上有很大的平台优势。截至2014年6月，新浪微博NBA官方微博账号的粉丝总数达到了3080万人，超过了NBA在Twitter上的粉丝总数。在NBA比赛播出的时段，新浪NBA所覆盖的用户数量，已经超过主流电视媒体的收视人数，成为国内最重要的NBA收视渠道。

【营销目标】

（1）提高NBA在中国的收视率。

（2）吸引中国企业赞助NBA球队。

（3）扩大NBA海外市场。

【活动时间】

2013年8月至今

【营销案例】

2013年8月6日，新浪与NBA在北京联合宣布，新浪正式成为NBA中国官方互联网合作伙伴、NBA中国官方在线社区合作伙伴。这是继2010年双方签署战略合作协议后，时隔三年再度联手。

NBA和新浪将在移动观赛、社区互动、视频直播三个方面展开深度合作，集优质NBA赛事资源打造门户、微博两个观赛平台，全面覆盖苹果、安卓、平板电脑等移动终端与WAP平台，为中国NBA球迷提供跨平台、多终端、一站式的观赛体验。通过观赛体验，引领球迷对NBA产品的购买热潮。

合作过程中，NBA为中国NBA球迷提供每日独家赛事、网络视频直播和赛事集锦等栏目。新浪将负责NBA线上线下的营销推广，为其提供包括官方微博运营建议、微博社区活动合作、最新微博营销产品测试等服务。

NBA利用新浪网和新浪微博两大平台建立新浪NBA版块，包括文字直播、NBA视频、有本事不要吵、热门球队专区、热门球星专区等，同时开通NBA官方微博及NBA球员、评论员微博。

NBA联合新浪在休赛期开展NBA大篷车活动。NBA大篷车全称NBA篮球大篷车，是NBA的一次商业活动，将NBA原汁原味的篮球运动带到中国的街头，每年都会在全国各大城市举行，任何球迷都可参加表演。NBA将选出几场季前赛在中国进行，现场与球迷互动。

合作期间，所有NBA中国合作伙伴以及新浪NBA合作伙伴在新浪开展的每一个NBA相关营销推广项目，新浪都会拿出相应的推广资源，用于该合作伙伴和新浪NBA的联合推广。

【案例分析】

NBA在中国市场取得巨大成功的原因除了新浪具有强大的平台优势、NBA本身竞技性与娱乐性较强之外，社会化营销发挥了重要作用。

第一，策划争议话题，打造有价值的营销内容。

新浪利用门户网站报道NBA的营销理念、重大活动，利用门户和微博平台推广NBA赛事和球员球队，吸引球迷关注。比如新浪策划了互动话题"科黑"与"詹黑"球迷骂战，两方经常骂得不亦乐乎，关于科比和詹姆斯的新闻评论数动辄上万，这些话题提高了球星和球队关注度。新浪还开创了"有本事不要吵"版块，大量地发布争议话题，让球迷充分参与互动。争议话题的创造其实是营销内容差异化的体现。有话题的内容、有讨论价值的内容使NBA各种信息能够很快传播。

新浪NBA"有本事不要吵"版块（图片来自新浪http://sports.sina.com.cn/nba/）

第二，采用微博等微资源营销，让意见领袖引领舆论，实现口碑传播。

新浪开设球星微博和文字直播与球迷互动，并帮助所有的NBA中国合作伙伴以及新浪NBA合作伙伴在新浪微博开设官方微博，比如，新开设NBA官方微博、科比等球星微博、柯凡等赛事直播主持人微博、马健等评论员微博……这些微博能够很好地与受众互动，成为意见领袖引导受众舆论，并可以发布NBA信息，通过粉丝大量转发形成大面积快速传播。通过微博，一方面受众了解了NBA有关信息，另一方面新浪引领了球迷舆论，实现了口碑传播。

NBA V：#每周话题#交易若能成行，乐福威金斯互换孰赚孰亏？NBA中文网本周
起推出#每周话题#互动栏目，球迷朋友们可以通过NBA官方微博进行互动，就时下
NBA最热的话题畅所欲言。本期话题NBA中文网编辑圆桌会详见：
http://t.cn/RPaxDCY http://t.cn/RPa60S6

NBA官方微博（图片来自新浪微博http://s.weibo.com/）

第三，线上线下生态圈结合，全方位营销。

新浪与NBA会利用休赛期与消费者在线下进行交流、互动。NBA大篷车活动期间，新浪会对现场活动进行报道，让更多的人能够关注NBA大篷车活动，并参与到活动当中来。在中国举行的几场NBA季前赛，更是吸引了众多观众的眼球。比如2014年篮网和国王的季前赛在上海、北京举行，季前赛门票一票难求，甚至有人在网上称愿意花2万元购买黄牛票。线上线下生态圈的结合，一方面让观众能够看得到新闻信息，另一方面能让观众亲身体验NBA活动的紧张刺激，调动了更多受众参与的积极性。

新浪无疑是中国互联网发展的成功范例，而NBA则是一个善于制造概念进行市场推广的巨头，新浪和NBA强强合作进行社会化营销甚至改变了人们对体育营销的传统定义。社会化营销解决方案是从各个方面诠释体育精神。在和新浪合作之前，NBA中国的微资源生态圈体系是二维的，有了新浪的加入，NBA微资源生态圈变成了三维。

社会化营销的先进理念，新浪具有广泛影响力的平台，NBA庞大的体育资源和中国巨大的市场叠加在一起，给市场带来了强大的冲击力。

知乎众筹模式出书

【案例背景】

知乎是一个真实的网络问答社区，社区提倡友好、理性、认真的氛围，旨在连接各行业精英，分享彼此的专业知识、经验和见解，为中文互联网源源不断地提供高质量的信息。

知乎网站经过调查，发现如何创业、如何解决创业难题是网友最关心的问题。广大网友有解决创业问题的需求。为了给初次创业者提供帮助，知乎决定用众筹模式编写一本有关创业的书。一个人创业不可能遇到所有创业问题，几百个人的创业经验，很可能覆盖普通人创业会遇到的大部分问题。知乎希望通过对这些问题的答疑解惑，为众多准备创业或正在创业的网友提供借鉴。于是知乎发起了《创业时，我们在知乎聊什么？》众筹出书活动。

《创业时，我们在知乎聊什么？》是一本关于梦想、创新、如何引爆潮流并赢得尊重的青年创业手册。这本创业手册从如何选择创业方向到如何选择合伙人，从如何找投资到如何推出产品、管理团队，详细阐释了103个创业话题，内容全部来自知乎网用户的集体智慧。

【营销目标】

（1）筹款出版《创业时，我们在知乎聊什么？》。

（2）宣传知乎旨在连接各行业精英，分享彼此的专业知识、经验和见解，为中国互联网源源不断地提供高质量的信息的品牌形象。

（3）帮助创业者解决遇到的问题。

【活动时间】

2013年12月—2014年1月

【营销案例】

早在2012年知乎团队就开始图书项目的筹划，但考虑到出版的复杂性，一直没有真正施行，直到2013年，知乎网才下定决心用互联网的方式做一本书。

知乎CEO周源根据过去5年的创业经历，拟定了书的框架，由知乎编委成员在知乎网上寻找合适的内容。经过大致三轮的调整，话题最初筛选出500多个，然后由网友通过点赞的方式进行筛选。在筛选过程中，大约有30多万网友参与。通过点赞的方式，知乎网筛选出了103个创业话题，这些创业话题是许多创业者特别关注的话题。

从2013年6月开始，知乎开始征询内容入选者的意见，尽力获得出版授权。在充分沟通过后，不但所有入选者都同意了授权，而且在93位作者中还有91位不要稿酬。对于不要稿酬的作者，知乎以额外赠送邮寄典藏图书的方式感谢他们。另外两位作者，大约能拿到每千字300元的稿酬，知乎一次性结清。知乎在作者稿酬方面，花费不是很多。

2013年12月18日，知乎在团购网站美团网上发起了《创业时，我们在知乎聊什么？》的出版众筹计划，限额1000人，每人花费99元就可以成为图书的"联合出版人"，将获得封面书皮上印有自己署名的典藏版图书。仅仅用了10分钟，知乎就达成了9.9万元的筹款目标。筹来的款项将用于第一版图书的出版。"联合出版人"也很快收到了印有自己署名的典藏版图书。不久网上掀起了"联合出版人"的晒单热潮。

2014年1月，《创业时，我们在知乎聊什么？》正式出版，并在亚马逊发布预售，一度登上了预售榜第一。

【案例分析】

知乎的众筹模式虽然只是筹了9.9万元出书款，但业界认为它的实质是一次"精妙的社会化营销"。

众筹出书本身就是知乎品牌形象的展示。知乎在众筹平台上强调了"知乎"二字，在整个众筹的过程中，企业"旨在连接各行业精英，分享彼此的专业知识、经验和见解，为中国互联网源源不断地提供高质量的信息"的品牌形象在消费者和平台不断的交互过程中一遍遍被强化。而且这种强化过程是消费者主动参与的，并非是传统商业广告轰炸式的"强化"，因此更易于被消费者接受。与知乎自身建立的官方网站不同，网络众筹平台去除了知乎官方宣传色彩的同时，又为企业和用户建立了一种基于众筹营销活动之上的联系。知乎的品牌形象得到了很好的宣传，许多网友开始了解知乎的经营理念。

众筹出书活动使得品牌和用户进一步获得感情交流，用户不仅仅把它当作一次简单的活动，而把它当成一种交流合作。用户会觉得他们和品牌共同在做着某些事情，收获了很难被物化的东西，情感上得到了满足。比如很多用户都曾经在知乎中表示可以接受知乎在不影响用户体验前提下的商业化，甚至接受付费使用或者捐助的方式。许多网友感叹："知乎卖的哪是书，这卖的分明是荣誉感和归属感。"情感营销使知乎和用户建立了深层次的联系，知乎品牌获得了用户的认可，巩固了品牌忠诚度。

利用社会化媒体与用户交流获得帮助，改良产品并优化项目；宣传品牌形象，获得良好口碑；提高用户忠诚度，彰显企业价值——知乎的这次众筹出书，本质上是一次成功的社会化营销。

第十二章
3C行业营销案例解密

　　3C行业竞争日趋激烈，产品之间同质化现象比较普遍，如何能够吸引消费者眼球，取得消费者信任，建立和消费者之间的黏性，是3C行业取得销售业绩的关键。

　　"每一个3C产品畅销的背后，都有一个引人入胜的故事。"社会化媒体就是3C行业讲故事的最好平台。社会化媒体信息的来源是亲朋好友，或者是值得信赖的意见领袖，这些人与信息本身大多没有既定的利益关系，消费者通常认为这些人发出的信息比所谓的大制作广告发出的信息更真实可靠，从而认可社会化媒体带来的营销，在购买和决策时，对社会化媒体带来的信息依赖程度更高。营销者如果能充分利用社会化媒体的影响力进行营销传播，将取得很好的效果。

　　本章选取3C行业中具有代表性的家电产业、数码产业、电子产业作为案例，讲解3C产品如何做社会化营销。西门子洗碗机的营销对象是青年和中年夫妻，联想"Yoga系列"的营销对象是偏爱时尚的潮流人士，佳能DC的营销对象是普通大众，惠普超极本的营销对象是消费能力有限的学生，所以分析这些具有代表性和针对性的案例，能够为企业带来一些帮助。

西门子推出"我不想洗碗"战争

【案例背景】

在中国，餐后刷洗碗筷是一个让人"累觉不爱"的事儿。调查显示，由于工作忙碌或者懒惰，在"80后"和"90后"的年轻一代中，不想洗碗的人群占到90%以上。因逃避洗碗而引发夫妻间"家庭战争"的事例，屡见不鲜。

洗碗机的出现结束了用人力刷洗餐具的历史。洗碗机是用来自动清洗碗、筷、盘、碟、刀、叉等餐具的设备，最早的洗碗机在18世纪就出现了。20世纪80年代我国就有企业开始生产台式洗碗机，市场上也已出现十来个进口及国产品牌，但是那时的洗碗机价格高、功耗大，很难被普通消费者接受。到了近期，洗碗机的技术有了很大改进，不但价格门槛降低而且功耗也变得相对较小。但是由于长期以来人们对洗碗机的认知已经固化，洗碗机在中国市场销售业绩一直很差。

西门子洗碗机是德国西门子集团生产的智能洗碗机，受限于消费者对洗碗机的认知，西门子洗碗机在我国销量有限。

【营销目标】

（1）宣传西门子洗碗机品牌。

（2）提升西门子洗碗机销量。

【活动时间】

2014年8月22日—2014年9月

【营销案例】

2014年8月20日，一位名叫"摄影师苏小糖"的妹子在微博上抱怨"我不想洗碗"，动用各种各样的食材，在碟子上摆出"我不想洗碗"字样。这种"傲娇"的表达形式，引发网友纷纷跟进吐槽。

8月21日，敏锐的西门子家电很快捕捉到了她的"呐喊"，第二天就在微博上表示要赠送一台西门子洗碗机给苏小糖，安慰之余还大赞苏小糖的创意。这个看似"土豪"的决定，引发了更多网友集体性羡慕嫉妒恨，各种"我也是妹子，不如再送一台""我也不想洗碗，跪求西门子好人"的声音沸腾了，西门子洗碗机很快得到许多网友的关注。

8月22日，西门子家电官方微博做出承诺：网友只要在碟子上创作"我不想洗碗"字样，并通过微博、微信、线下三大平台参与晒碟照活动，就有机会赢得西门子洗碗机，每两天送出一台。

除了全民晒碟，微信平台还有更多有趣玩法。比如网友使用各地方言或戏剧腔调，大声喊出"我不想洗碗"，也可以自造有声海报；网友还可以通过发表"我不想洗碗"宣言，订制专属个性海报，并可在朋友圈转发。

西门子还推出了全新一轮向洗碗示威的"碗奴快跑"游戏挑战赛。网友只要参加这款微信游戏，获得相应的名次，就有机会得到西门子洗碗机、咖啡壶等活动奖品。不久，西门子微信公众号发布了"碗奴快跑"游戏攻略，使网友更容易参与游戏并取得好成绩，以激发网友的积极性。

除了"我不想洗碗"的营销活动，西门子还策划了一系列的线下营销活动。为了保持话题热度与网民积极性，西门子家电北京微信公众号联合线下店铺推出相关试用活动，让尽可能多的消费者试用西门子洗碗机，进行现场体验。

对于社会化营销来说，抓住网民眼球就是一种生产力。"我不想洗碗"战役效果出乎意料的好，短短十几天，西门子收到网友的碟子创作数以千计，微博话题"我不想洗碗"达到1405.6万的阅读量，超过10万次的转发量，评论超过5万次。截至2014年9月4日，西门子已赠送出洗碗机6台，但是媒体总曝光量过亿次，微信阅读量接近8万次。

【案例分析】

西门子这次营销成功的关键，主要在于三点：一是"借梯上楼"，利用网友不想洗碗的痛点制造话题；二是活动简单易参与，引爆了社会化媒体，形成口碑效应；三是整合资源传播西门子品牌形象。西门子洗碗机的这次社会化营销，值得我们借鉴。

第一，"借梯上楼"，抛出话题，直击痛点，引起情感共鸣。

生活节奏的加快，使许多人过于忙碌，累得回到家就想倒头大睡，看见油腻的碗筷更是心烦不已。特别是"80后"和"90后"，他们宁愿花更多的钱去饭店吃饭，也不想洗碗。西门子正是敏感地抓住了年轻人的痛点。西门子一改高冷的姿态，走亲民的路线，利用草根大号苏小糖微博给自己搭了个梯子，又"借着"苏小糖微博抛出"我不想洗碗"话题，引发不少"80后"和"90后"的情感共鸣。"我不想洗碗"一语戳中网友的痛点，创造了一个具有爆发能量、众多年轻人喜欢参与的话题。

第二，人人参与，形成口碑效应。

西门子与草根大号及普通网友主动亲密地互动，使得参与的网友产生了强烈的互动意愿，引领了网络舆论方向。"拼盘赢洗碗机""晒碟照赢洗碗机""玩游戏赢洗碗机"等互动方式门槛低，人人都能动手参与，而且价值几千元的洗碗机也确实诱人，这些因素大大助长了网民的参与热情，形成巨大的口碑效应。网友通过口口相传知道了西门子的活动，了解了西门子洗碗机的特点。

第三，线上线下结合，整合资源。

西门子鼓励网友结合热点事件的再创作，如有声海报和PS照等，使得曝光量进一步扩大；西门子后续发起其他相关营销活动，如微信小游戏和线下活动（试用洗碗机）等整合各种资源，全方位为"我不想洗碗"活动服务，保持话题热度和关注度，全力宣传西门子低功耗、方便使用的特点。线上活动的多样性和参与方式满足了网友的好奇、爱凑热闹的情感需求，线下的活动体验体现出了西门子洗碗机的品牌优势。

联想笔记本"Yoga翻转魔术师"营销

【案例背景】

联想Yoga系列笔记本电脑，是联想笔记本近期主打产品之一，其主要产品特点是显示屏可360度翻转。

为了凸显联想Yoga系列笔记本的显示屏可360度翻转这一特性，互动形式将该功能与魔术题材联系起来，并在深受网民喜爱的韩国新生代网络漫画师Vitamin的笔下变成了系列漫画《Yoga翻转魔术师》。

【营销目标】

（1）增加联想关注度。

（2）宣传联想Yoga系列笔记本电脑，突出其显示屏360度翻转的独特设计。

（3）提高Yoga系列笔记本销量。

【活动时间】

2012年11月—2013年3月

【营销案例】

《Yoga翻转魔术师》最早于2012年11月在互联网上推出，并迅速得到广泛传播。

在《Yoga翻转魔术师》的故事里，有爱情、亲情，还有友情，整个系列漫画展现了Yoga翻转魔术师的各种奇遇。《Yoga翻转魔术师》共包含7幅漫画，包括：《男人都喜欢魔术》《公主也疯狂》《胸部的福利》《爱的快递》《患难见真情》《妈妈的独门蒸饺》以及《最后的表演》。漫画的内容和普通网民生活息息相关，满载生活中的欢乐、尴尬、无奈与温馨。网友们非常认同"Yoga翻转魔术师"这种尴尬中带着笑声、搞笑中夹着温馨的态度，也很赞成"翻转角度看世界，会大有不同"这一理念。

在传播媒介上，"Yoga翻转魔术师"大胆地尝试了微信。微信上的信息传播速度快、范围广，微信推送是一对一的推送，目标人群更加精准。这次"Yoga翻转魔术师"活动，微信共带来了超过178万的浏览量和大量的共享传播，这证明微信传播效果确实显著。

同时"Yoga翻转魔术师"也没有放弃微博这一成熟的社交媒体工具。"Yoga翻转魔术师"的微博很快获得许多网友关注，李开复、薛蛮子、刘强东等互联网知名人士也利用微博对漫画进行了转载和评论。最终"Yoga翻转魔术师"在微博上取得了超过3万网友的转发和互动。

随后，设计者将"Yoga翻转魔术师"拍摄成了真人魔术视频，引起了许多网友惊叹。有网友分享视频后调侃说："刘谦，你看到了么？"

【案例分析】

3C产品市场竞争激烈、更新换代快，很多新产品发布很难引起人们的注意。联想Yoga系列笔记本电脑成功引起人们的关注与它的社会化营销策略是分不开的。大数据的支持、有创意的内容、合适的媒体平台是联想Yoga系列笔记本社会化营销成功的三大法宝。

第一，在大数据等技术的支持下，社会化营销更加精准化。

联想之所以选择韩国漫画这种形式，是营销者基于大数据研究结果做出的决定。他们在研究了1万多个"80后""90后"微博用户后发现，韩国漫画师Vitamin的系列漫画最近在微博上是最受关注的内容，其转载量和浏览量在同类内容当中是最高的。漫画吸引的人群多是"80后""90后"，和联想Yoga系列笔记本电脑的目标群体有很大交集。对微博用户关注内容的收集和统计、自媒体的分析、目标受众的锁定、营销方向的制定，都离不开大数据的支持，联想把社会化营销和大数据结合的方式，值得我们参考。

第二，有价值有创意的营销内容，能够吸引网友积极参与。

网友的积极性是推动互联网口碑传播的主要动力。随着广告推送的增多，越来越多的网友讨厌看到千篇一律的广告内容。单纯地发布产品和活动信息很难引发网友主动参与传播。

自从刘谦登上春晚，大众这几年对魔术的关注热情不减。许多魔术道具店生意火热，魔术揭秘活动更是吸引了许多人参与，魔术成了热点话题。联想"Yoga翻转魔术师"正是抓住了这一热点话题，利用魔术和漫画结合的新颖形式，提高了网友参与的积极性。网友们在看过、笑过之后，主动通过社交媒体进行话题传播，带动了更多的网友参与。

第三，利用微博、微信宣传，形成口碑效应。

社会化媒体是最适合产生用户自传播和互联网口碑的地方，是社会化营销的支撑。有一些网友觉得"Yoga翻转魔术师"不错，通过微信将它分享到朋友圈，朋友圈里的朋友又会转到自己的朋友圈，口碑效应就慢慢形成了。微博大号的带动作用也有利于口碑形成，李开复、刘强东都有数以万计的粉丝，他们的转发也会引起粉丝的转发。"Yoga翻转魔术师"选择微信和微博进行宣传互动，有利于信息快速传播和口碑的形成。联想官方微信超过178万的浏览量，微博超过3万次的转发和互动，就是证明。

佳能DC，看得见的时光

【案例背景】

随着智能手机的普及和照相机像素的提高，现在市面上不少手机的拍摄性能、画质不比一般卡片相机差，有的甚至比卡片机还要好。而且绝大部分消费者拍照是为了记录身边发生的事和遇见的风景，在休闲时与家人和朋友分享，对拍摄器材的专业度要求不高。所以，当手机拍照性能提高了后，DC卡片机市场受到了很大冲击。

卡片机的优势是体积小、价格合理，并且拥有足够高的画质表现和不弱的拍摄性能。只是随着手机摄像技术的快速发展，DC卡片机的优势被许多消费者忽略了。

佳能是目前唯一依旧保留全线DC产品的品牌，在各个品牌纷纷缩减数码DC产品线的情况下，佳能依旧坚持着DC卡片机的开发和销售。DC卡片机的市场关注度下降，销量持续下滑。在这一大环境下，如何改变消费者对DC卡片机的认知、提高佳能DC关注度和销量，是佳能营销的重要课题。

【营销目标】

（1）提升用户对佳能DC的认知度。

（2）提高佳能DC的销量。

（3）向消费者传达DC卡片机的优势。

【活动时间】

2013年9月10日—2013年12月31日

【营销案例】

"佳能DC，看得见的时光"分为线上活动和线下活动两大部分。

线上活动：划分为"九月——时光回忆""十月——时光旅途""十一月——时光畅想"三大阶段，每个阶段活动时长为1个月。网友可以通过"照片上传""互动游戏参与""作品及漫画分享"三种方式获得积分来参与优惠券抽奖，获得优惠券的网友可以到电商网站完成优惠购买。

"九月——时光回忆"以承载记忆的相册为创意点,吸引网友上传照片制作相册,共享回忆中的温馨与美好;"十月——时光旅途"以明信片作为创意点,邀请网友制作明信片来分享旅途中的风景和心情;"十一月——时光畅想"以广告海报、时尚杂志、创意Q秀、手绘萌宠等缤纷模板为创意点,邀请网友共同畅想美好未来。

三期活动中特意开通了明星、达人、网友作品的展示页面,聚集了很多粉丝。特别是吴彦祖、莎拉波娃等15位明星的作品,引起了许多网友竞相围观。网友在观看明星作品时可以在作品页面给自己喜欢的明星投票,还可以分享至朋友圈或者QQ空间,告知更多的网友。

视力测试游戏的设置能让网友通过更有趣、更清晰直观的方式了解到佳能DC的50倍变焦和HS高感光系统。"漫画识DC"页面的主要功能是介绍佳能DC产品,页面通过有趣的漫画形式来展现佳能DC功能,同时在页面下方做了一些重点相机展示。整体推广过程中,漫画共划分了6期,只要分享漫画,就可以获取积分。

在线上活动中,网友可以通过参与互动游戏获取积分,利用积分参与优惠券的抽奖,直接前往电商的专题页面进行优惠购机。线上活动吸引了一大批网友关注,给佳能带来了高曝光度。

线下活动:线下活动时长3周,分为3个不同主题。软性植入佳能相机产品信息,把佳能相机品牌信息植入旅游照片、漫画等,通过微博即时发布,通过意见领袖、编辑、摄影师三方视角,即刻与网友进行充分互动。

实施微博线下活动,目的是通过旅游达人的旅行路线和风景,宣传佳能品牌形象。通过实施与网友的互动,强化受众对佳能DC的印象。

活动方通过腾讯微博发起"最瞬间"活动,征集网友的"最瞬间"故事，并最终选定3名网友以帮助实现他们的线下行走梦。三条线路分别为：
"时光回忆——青春再出发"之《娃娃的卖艺之旅》、"时光旅途——青春在
路上"之《薇薇的幸福路上》、"时光畅想——青春在创造"之《胖脸的美食
狂欢》。

【案例分析】

让我们先来分析这一活动的过程：

"时光回忆"鼓励网友分享记忆照片，勾起了人们的怀旧情绪，让网友
喜欢参与，"纪念一下，曾经的美好"。许多网友工作压力大，生活节奏快，
出门旅游是解压休闲的好办法，越来越多的人爱上旅游。"时光旅途"分享旅
途中的心情，能把驴友们聚集起来，参与互动。而"畅想未来"也是众多网友
比较喜欢参与的内容，现实中网友可能是"屌丝"，可能太多人有这样那样的
不如意，那畅想一下美好的未来总可以吧。

明星作品的分享，聚集的是粉丝，把佳能爱好者的生态圈和明星粉丝圈
连接起来，扩大了受众群体。参与游戏获取积分兑换优惠券，是利用游戏的趣
味性，促使网友积极参与。优惠券有利于电商的促销。

选出3位达人直接参与旅行，并让其携带指定佳能相机，这等于邀请用户
体验，提高了佳能口碑。线上搭建"最瞬间"活动话题页及专题页，承载选手
线下行走即时发布的内容，同时多路媒体跟拍线下行走活动，在QQ空间、微
博、朋友圈上形成传播热潮。

整合即时通讯、游戏、微博，打造微资源生态圈；通过生态圈的扩展特
性，不断传播佳能产品信息；通过全新的积分优惠互动和电商购买策略，PC
与WAP端相结合，打造全方位360度微资源生态圈体系。以上三点是佳能这次

营销成功的关键。

佳能的社会化营销最终转化为了实效。据佳能公布：截至活动结束，佳能DC销量较去年同期涨幅达93%。这说明，此次社会化营销在提升品牌好感度的同时，有效促进了佳能DC产品的销售。

惠普"我是学霸"校园答题大比拼

【案例背景】

大学生是电脑消费的最大群体之一，特别是寒暑假过后，大学生配置或更换电脑的意愿更加强烈，这段时间也是电脑厂商的销售良机。但是"开学打折优惠促销""开学买电脑送礼品"这些传统营销方法越来越难引起学生们的注意。

电脑生产厂家众多，广告宣传铺天盖地，市场竞争激烈。惠普笔记本是老牌的电脑厂商，每年都有适合学生使用的笔记本款式推出。惠普超级本产品代言人为张震岳，该产品在学生群体内已有一定的品牌好感度。但在市场竞争激烈的情况下，惠普笔记本仍要扩大产品影响力，吸引学生群体关注。

【营销目标】

（1）进一步塑造惠普超级本"过分"形象，掀起"玩过分"浪潮。

（2）与大学生学习生活建立密切联系。

（3）提高惠普笔记本的销量。

【活动时间】

2013年3月1日—2013年3月17日

【营销案例】

2013年3月1日策划方开始在网上举行"开学选课"答题活动，活动主页趣味性十足，题目设置亦正亦谐，让人眼前一亮。页面登陆之后，用户可以选择大一、大二、大三、大四等不同年级，分类清晰。

用户选择年级之后，可以选择课程回答问题。其中一些问题包含惠普植入的广告。

用户在回答问题后，可以选择将系统根据得分情况生成的成绩表分享至微博。系统会根据答题情况生成"挂科天才"等三款成绩单。

如果用户将成绩单和惠普的固定文案分享至自己的微博，就会获得抽奖机会。"被卡住了吧，赶紧关注惠普官方微信账号，获取答案吧。"用户通过官方微信互动账号输入题目题号，可以获得正确答案。

在这次"校园答题"活动中，大约58万人参与，答题超过73万次，惠普植入题目共被回答超过140万次。用户与惠普微信产生近3000次的互动。

（图片来自网赢天下网*http://www.17emarketing.com/html/anli/2014/0805/2746.html*）

【案例分析】

惠普"'我是学霸'校园答题大比拼"活动，有四个亮点值得我们借鉴。

第一，市场细分，抓住目标人群特点，利用社会化媒体实现精准营销。

惠普"'我是学霸'校园答题大比拼"以选课答题的创意形式引发了目标人群的共鸣。学生群体的主要考核办法是考试，"学霸"遇到考试斗志昂扬，"学渣"遇见考试叫苦不迭，有人为了考试熬通宵，有人为了考试泡图书馆，考得好的兴高采烈，挂科的垂头丧气，考试是学生避不开的话题。惠普答题活动成功吸引了学生目光，许多学生纷纷吐槽，"信惠普，做学霸"。惠普校园答题就是以考试的形式参与到学生群体的学习生活中去，与学生拉近距离，吸引了他们的积极参与。这种方式基于学生圈子进行推广营销，实现了营销的精准化。

第二，采用网络语言，充分互动，获取用户反馈。

科目题库设置有正有谐，既有严谨的题目，也有搞笑的题目，并用受众熟悉的语言进行沟通。在校大学生大多数是"90后"，"90后"是网络土著，网络语言是他们的"当地语言"，用网络语言进行沟通交流，更容易被他们接受。在惠普这次答题活动中，"90后"大学生群体的积极参与，使惠普在这次活动中通过学生的答案，了解了学生的需求，为产品改进提供了支持。

第三，巧妙进行营销内容植入，将惠普超级本自然植入到答题环节内。

高手拈花摘叶即可伤人。惠普将广告植入到题目中，正是将宣传化于无形。惠普植入题目共被回答超过140万次，这很好地提升了惠普关注度，让学生们在无抵触情绪的情况下，了解了惠普产品信息。

第四，使用微信和用户取得长久联系。

活动中，用户加微信官号可以获取答题指导，活动结束后，惠普官方微信能够继续向用户推送信息。

"90后"大学生接触网络时间早、使用社交媒体多、个性张扬，但积极上进。惠普抓住了目标群体的特点，采取"接地气"的沟通答题和微信分享的方式，与大学生产生密切联系，扩大了品牌影响力。

第十三章
电商行业营销案例解密

电商行业是最近几年发展较为迅速的几个行业之一，也是竞争较激烈的行业之一。一方面，电商行业无论是发展势头还是市场空间都处于上升期；另一方面，营销做得好的公司发展得越来越好，而做得比较差的公司则越来越差，电商行业已经形成了"马太效应"。要想在"马太效应"中突围，社会化营销是关键。

本章选取电商行业中具有代表性的服饰、酒类、综合类电商的例子，分析它们是如何利用社会化营销脱颖而出的。其中唯品会是综合性服饰打折销售电商代表，酒仙网是垂直类酒品电商代表，亚马逊和淘宝分别是国内外综合类电商的代表，这些案例具有很强的代表性。

唯品会："名证言顺"

【案例背景】

唯品会是一家专门做特卖的网站，每天10点有100个品牌进行授权特卖活动。唯品会确保正品、确保特价，以低至1折的深度折扣及充满乐趣的限时抢购模式，为消费者提供一站式优质购物体验。

说到打折、降价、特卖，用户普遍会想到尾货、山寨、过时等字样。而这些大众认知与唯品会的特卖理念是相背离的，不利于唯品会的销售。

为改变消费者对唯品会的认知、宣传唯品会理念，唯品会策划了"名证言顺"活动。

【营销目标】

（1）改变用户对唯品会特卖的认知。

（2）增加唯品会的销售业绩。

（3）宣传唯品会的品牌形象。

【活动时间】

2013年9月3日—2013年9月18日

【营销案例】

2013年9月5日，郭敬明的粉丝们在其微博中发现了这样一条博文："忘记是从哪天开始爱上网购的了，但对于我这种不爱出门的人来说，分分钟搞定一堆东西的成就感真是太'哇哦'了……而且这个唯品会的打折特卖，折扣真的太低了，一没控制好，就淘了一大箱子，你们猜是什么……"

郭敬明大约有3485万粉丝，微博一经发出，立即引来粉丝们的关注，仅仅3分钟就收到了上千条评论。许多粉丝就"里面是什么"展开了天马行空式的评论。无数网友调侃"郭敬明买了增高鞋""郭敬明买的是《小时代》的道具"，甚至还有网友称，"郭敬明买的是自己的房子"。

郭敬明晒唯品会单不仅引发了粉丝们的围观调侃，还引发了电商界的关注。电商界的意见领袖高度评价此次营销效果，并引起约205位黄V转发热议（资深媒体人、营销学者、企业高管等），以及20位企业蓝V转发热议。

郭敬明竟然也上唯品会！这让大量粉丝对唯品会的观感发生了改变，并产生心理归属，对唯品会产生好感并引发购物行为。不仅在微博上网友热烈讨论，在百度贴吧、天涯社区，也有不少人聚焦讨论。

此条微博在24小时内转发超过5万次，荣登当日热门微博TOP2，一些其他网站也随即跟上发布了相关新闻。

除了郭敬明，唯品会又精选了刘涛、赵奕欢、吴昕、苏岑4位明星在微博上发布唯品会购物体验。刘涛的相关微博10分钟内被转发上千次，上升至当日热门微博TOP5；赵奕欢晒孝心正能量，用户力赞她"价钱打折，孝心不打折"，其博文也引起持续热议，上升至热门微博TOP19；吴昕、苏岑等人的微博也被疯狂转发。唯品会还精选《昕薇》封面女郎等十几位时尚名模为明星言论提供"证言"，获得了广大网友特别是宅男的关注。

唯品会精选大量草根达人微博，比如天才小熊猫等，进一步转发明星购物体验。天才小熊猫对名人及名模在唯品会上的购物进行趣味盘点，其总结的微博转发量达到2.2万。

推广期间，唯品会热议程度明显高出同期月份的平均水平。唯品会品牌在微博中被提及的次数提升了100多万次。

【案例分析】

郭敬明带有唯品会Logo的微博被转发近6万次，阅读次数也超过了1400万。这一方面给网友提供了话题，一方面也给唯品会提供了宣传品牌的机会。人们在转发和讨论过程中，也会注意到"折扣太低了"这句话。这就是社会化营销中的"内容为王"，广告既要做到宣传品牌，又要不露痕迹，不引起受众反感。唯品会就是做到了这一点，以郭敬明看似无意的一句话作为内容，既有宣传低价的作用，又不让人觉得是被填鸭式地灌入广告信息。

郭敬明是中国收入最高的作家之一，网友们和粉丝们纷纷发表疑问："四爷也上网买东西？""郭导也买打折品？""唯品会是'高大上'的品牌店？"……各种疑问增加了唯品会的关注度。许多较真的网友还百度搜索具体了解唯品会。在唯品会购买过东西的粉丝更是兴奋，感觉自己与偶像有了交集，以后会继续到唯品会购物。唯品会通过这次名人微博促销，使得访问量陡增。

唯品会的此次营销不仅成功地带来了曝光量、访问量的增加，而且改变了用户对唯品会特卖的认知。许多网友认为，郭敬明、刘涛都买了，唯品会的商品肯定质量不会差。在社会化媒体上，明星名人的分享推荐远比硬性的广告传播来得有效。粉丝们喜爱他们的偶像，因而会关注偶像的一举一动，而且偶像说的话，粉丝们大都是相信的。明星们通过体验，分享购物过程，用实际行动告诉网友："唯品会购物不只是买优惠，也是一种时尚的有品质的生活方式。"这就是一种口碑传播。

此次营销的亮点之处在于以下几点：让人眼前一亮的营销内容，众多明星分享购物体验、名模发表"证言",对消费者进行口碑营销;再配合大量草根进行精准化圈子传播,简单有效地发挥了社会化营销的快速传播特性。

酒仙网"双十一等酒了"

【案例背景】

"双十一"是由淘宝首创的"购物节",每年的"双十一"已然成为中国电商们的集体狂欢日。

酒仙网是一家成立不久的酒类垂直电商,主要从事国内知名品牌、地方畅销品牌以及进口优秀品牌等酒类商品的线上零售。作为电商中不太引人关注的酒类垂直电商,酒仙网前几年在"双十一"的销售业绩都不甚理想,其在2012年"双十一"销售额仅仅6000多万。酒仙网决定在2013年"双十一"利用社会化营销,大幅度提升销售业绩和关注度。

【营销目标】

(1)传播"买真酒就到酒仙网"的品牌形象。

(2)引导用户了解酒仙网。

(3)增加销售业绩。

【活动时间】

2013年11月10日—2013年11月12日

【营销案例】

2013年11月10日，酒仙网通过微博抛出"最强双十一""买酒送房送车上春晚""双十一等酒了"等话题，为"双十一"预热。它主要利用草根大号晒单、段子手调侃等手段，来引导微博中潜在的消费人群关注酒仙网。

11月11日，徐峥微博隔空喊话黄渤："还记得当年的约定么？那时我还长发及腰，当年的我赌输了，赔你的酒让酒仙网发过来，收到请及时把自己灌翻。"并附上两人的合影。

黄渤也通过微博回话："这酒送得还真快，你这招够绝的，我哪能自己喝啊，明明是你自己想喝！等着晚上一起吧，不翻不睡。"

明星造势，段子手捧场。各种搞笑，各种调侃，引起网民的围观，几十个知名"段子手"微博互动被广泛传播。有人甚至PS出徐峥长发披肩的照片，隔空喊话让徐峥黄渤"在一起"，参与调侃。

除了邀请明星，酒仙网还邀请了龚文祥、有为张等16位电商行业专家进行微博晒单，吸引中高端用户关注。

当红明星造势、段子手恶搞、意见领袖晒单等重磅动作引爆了话题及活动，酒仙网开始被众多网民关注。在各类电商网站都进行疯狂促销活动的"双十一"当天，黄渤与徐峥的"双十一等酒了"互动微博名列热门微博排行榜第一位。酒仙网的百度搜索指数直线上升。

酒仙网在11月11日当天全网完成销售额2.21亿元，其中在第一个小时就销售了4000万元，超过去年同期全天销售额的三分之二，成为酒类垂直电商的最大赢家。

11月12日酒仙网在各大网站上发表软文造势。《双十一，马云醉倒在酒仙网》《双十一的2.21亿是如何炼成的》等软文在各大网站上投放，引发网友持续热议，吸引消费者关注酒仙网。丁辰灵等专业电商微信账号深入点评案例，详解成功之道，进一步增加了行业认知。

此次活动期间，"双十一等酒了"话题讨论超过69万，酒仙网销量同比增长二倍。

【案例分析】

酒仙网是成立不久的酒类行业垂直电商，在11月11日交出了2.21亿的亮眼成绩单。这个成绩的取得，社会化媒体营销尤其是微信营销的作用不可估量。

首先，利用明星微博形成病毒效应。徐峥和黄渤都有大量粉丝，他们的微博会被粉丝疯狂转发。粉丝都有各自的圈子，粉丝转发微博到自己的圈子，又引起圈子内的继续转发，使营销信息很快被传播，这种病毒式传播很容易引爆话题。

其次，利用段子手鼓动网民主动参与传播。段子手把各类看热闹的网民都鼓动起来，使之加入对徐黄二人的恶搞和吐槽大军中来，使话题热闹了起来。话题成为热点，传播效果也就有了。

最后，意见领袖引导舆情。虽然意见领袖没有段子手人气高，但是他们多是各个行业的翘楚，在圈子里影响力大，更容易取得用户的信任。这是精准的圈子营销。

酒仙网网民在微博互动和转发中跟随着明星或者意见领袖完成了一次虚拟的"买酒"体验，并主动把活动扩散到更多的人群，使酒仙网获取了更多的人关注和认可。

酒仙网的社会化营销是"病毒营销+口碑营销+圈子营销"的有效结合。

亚马逊中国的微博比价月

【案例背景】

亚马逊是世界上最早做电子商务的公司之一，亚马逊中国是亚马逊的区域性网站。亚马逊中国在中国电商行业内一直不温不火，很少与其他电商展开价格战，其在广告宣传上的投入不是很多。亚马逊中国的一些商品价格还是很低的，只是苦于与消费者的沟通不畅，很多人并不知道。

2013年6月是京东一年一度的店庆月，京东开展了声势浩大的促销活动，用户需求被激发。于是国美、苏宁、天猫、易迅、当当、糯米网纷纷推出促销活动，这也是6月电商大战的源头。亚马逊中国为了争夺市场，也很快加入战局，推出了6月微博比价月活动。

亚马逊中国的官微关注度低，粉丝覆盖率低，粉丝数只有京东的十分之一左右，在6月电商大战中宣传方面不占优势。

【营销目标】

（1）宣传亚马逊中国低价品牌形象。

（2）提高亚马逊中国的销售业绩。

（3）提升亚马逊中国官微的粉丝量。

【活动时间】

2013年6月1日—2013年6月18日

【营销案例】

从2013年5月开始，亚马逊中国在其网站首页打出"亚马逊比价月，默默比你狠"字样吸引客户眼球。随后亚马逊中国在新浪微博企业版大页面宣传亚马逊6月比价月，提出"更多、更快、更好、更省"的口号。

除了在微博上进行宣传，亚马逊中国更是一改往日低调形象，与京东打起舆论战。京东推出"把你们的无聊战书捡回去，把你们的泄密邮件收起来，保护好自己保护好钱包，6月有且只有京东"的宣传语，亚马逊中国随即回应："你比或者不比，它就在那里不躲不藏。"这番口水战被新浪、腾讯等媒体报道。

紧接着亚马逊中国利用草根大号主动挑起网民全网比价。"全民热门搜捕""全民热门活动精选"等草根大号掀起全民比价热潮，网民发起了亚马逊中国与京东、亚马逊中国与当当的比价活动。

亚马逊中国官微还发布密集活动，9轮活动轮番上场。其中有奖转发、参加比价月活动赢取单反相机等活动受到了网友的普遍关注。

利用第三方数据呈现最低价，在包括一淘网、搜狗购物在内的比价网站上，亚马逊多次获得低价冠军。

此次营销活动传播效果覆盖500万人次以上，比价活动转评率高，倍受普通网民追捧。6月微博总转发300多万次，总评论近200万次。

亚马逊中国的微博粉丝从101万增长到170万，增长率高达70%。亚马逊中国微博搜索记录，从1148万增长到2500万；亚马逊短域名z.cn搜索，从160万增长到450万。

【案例分析】

亚马逊中国一改其低调形象，加入6月电商大战，取得了不错的营销效果。在亚马逊的社会化营销中，有几点值得参考：

第一，关注网民需求，强调自身优势。

电商竞争激烈，每年推出的活动让网民应接不暇，但是网民关注的主要有两点：一是质量，二是价格。亚马逊中国正是抓住了这个特点，在网站页面和微博上都以价格为主题大力宣传。在保障质量的基础上，价格一旦有优势，自然而然就获得了用户关注。亚马逊中国通过微博宣传低价，正是切中了许多网民购物爱比价的心理。

第二，不惧争议，敢于挑起话题。

在6月比价月宣传过程中，亚马逊中国一改低调形象，与京东、当当打起口水战，通过"更多、更快、更好、更省"的口号直击京东的"多、快、好、省"的宣传语，引起争议，通过打口水仗的方式，引起了网友们的普遍关注。

第三，借力打力，让事实说话。

好的社会化营销，一定要懂得利用资源。京东的大力宣传，引起了网友6月购物的热潮。亚马逊中国抓住这个机会大打价格战，省了不少前期宣传的麻烦。与京东打口水战，借京东粉丝扩散信息，用的也是借力打力的巧劲。借力打力从一定程度上掩盖了亚马逊中国官微粉丝较少的劣势。光吸引眼球显然不够，网友的眼睛是雪亮的，价格低不低，自己说了不算。通过一淘网和搜狗购物的数据，证明了亚马逊中国的低价。让事实说话，网民才会深信，才会形成有效传播。

如何巧妙利用资源、强调自身优势，在粉丝不多、关注度不够的情况下做好社会化营销？亚马逊中国给了我们很好的启示。

骆驼凶猛，踏遍美国

【案例背景】

秋冬换季之际是网民购买衣服最多的时候，也是商家抢占市场的关键期，所谓"金九银十"指的就是这段时间。十一黄金周过后，紧跟着的是"双十一"购物狂欢节，网民购物意愿不减。许多服装商家在9月至11月期间的销量是全年的一半。所以各商家都会在9月到11月期间，通过各种形式进行营销推广。

淘宝网是国内最大的服装电商平台，每年的"双十一"销售业绩惊人。骆驼是较早进驻淘宝网的品牌之一，但是相比其他商家如耐克、阿迪达斯等传统大牌商家，骆驼在品牌影响力、品牌热度等方面，都处于劣势。

为了传播和提升骆驼品牌形象，为"双十一"狂欢节蓄势，骆驼公司决定进行一次大型营销活动。

【营销目标】

（1）提高骆驼品牌影响力。

（2）提升活动期间销售业绩。

（3）为"双十一"蓄势。

【活动时间】

2013年9月23日—2013年11月10日

【营销案例】

此次营销分为三个阶段：

第一阶段是资源整合全方位推广阶段。骆驼旗下六家店面参与了此次活动，整合了各家的资源优势，通过站内、站外多个平台进行推广。传播渠道包括：游戏、淘宝论坛、淘宝圈子、旺旺群、微博、微信、论坛、垂直网站等。

通过微博喊出"骆驼凶猛，踏遍美国"的创意口号，通过网友热议"为什么骆驼是凶猛的？""踏遍美国是什么意思？"，引起快速传播。关于"骆驼凶猛"的微博，仅新浪微博就有40多万条。

通过淘宝首焦、淘宝登陆页面、凤凰网通栏宣传活动信息，引起更多网友的注意。

通过"闯三关拿美国游"游戏，吸引广大游戏爱好者，与网友充分互动。闯关过程中有不同程度的奖励，这一举措有助于增加用户黏性。截至2013年11月10日，游戏参与人数突破百万。

在推广阶段，策划方整合了微博、微信、门户网站、电商网站多方资源，进行品牌推广，提高了品牌知名度。

第二阶段是销售引爆阶段。销售引爆阶段分为3段：9月23日—9月29日六店进行"满就送，满就减"活动；9月30日—10月8日开展"国庆品牌团"活动；10月8日—10月22日再一次实行最大力度满减活动。六家店面共同努力，保证活动有序开展。除了"满减满送"活动之外，六家店面还陆续开展了9.9元抢购活动，顾客只要花9.9元，就能参与抢购。抢购的产品包括骆驼登山包、骆驼牌鞋子、"双十一"无门槛购物券等。这些活动吸引了更多的消费者关注。

第三阶段是"双十一"蓄势阶段。"双十一"蓄势阶段是从10月23日—

11月10日，通过引导消费者关注品牌、收藏店铺、领取优惠券、添加到购物车等，为"双十一"打基础。

蓄势阶段既是前面活动的后续，也是"双十一"的预热。它扩大了活动规模，全方位出击，通过对各个流量入口进行卡位来截取竞争对手的流量。

这次活动不仅受到了业界的好评和消费者的关注，还引起了许多媒体的注意。其中"闯三关赢美国游"游戏有将近106万人次参与，线上口碑传播频次超过160万次，相关话题曝光量更是多达9000万次。

这次营销促成了骆驼"双十一"的"凶猛"表现：骆驼单品牌销售额破3.8亿；骆驼服饰旗舰店以1.7亿元销售额占据服饰品牌全网第一；骆驼户外旗舰店排名户外类目第一；骆驼女鞋旗舰店超越百丽，也夺得第一。同时骆驼品牌关注度也直线上升。

【案例分析】

在淘宝流量成本日益增加、单纯的价格折扣很难再吸引消费者眼球时，如何利用媒体力量和营销活动去增加流量，提升销售业绩，是运营电商业务的企业不得不面对的问题。在广大网民中提高品牌关注度和信任感，吸引新客户，粘住老客户，是商家实现销售目标以及提升业绩的重要策略之一。

骆驼品牌营销活动的成功取决于三个方面：找到差异化因素，放大传播，吸引消费者关注；资源整合，通过多种渠道进行广泛宣传；关注流量入口，卡位截取流量，增加自身站点访问量。

第一，找到差异化因素，放大传播。

骆驼首先分析了自己的品牌特点，它倡导的是一种健康的都市生活理念，提倡在工作生活忙碌之余，进行户外运动、自由休闲。骆驼的产品线较长，经营的不仅有休闲服饰，还包括户外、商务等系列产品，其中优势产品集中在休闲系列，市场增长潜力最大的是户外系列。同其他厂家相比，户外产品是骆驼的亮点。骆驼首先找到产品优势偏重户外的特点，把它放大，喊出"踏遍美国"的口号，传播大户外概念。

当今社会，人们工作生活普遍压力较大，特别是一些处于事业上升期的都市精英，很向往自由，热爱旅游。骆驼把服饰和旅游联系起来，把目标市场细化，找准了自己的定位并放大，得到了热爱户外活动的群体的关注，是营销成功的基础。

第二，资源整合，通过多种渠道进行广泛宣传。

网友获取信息的方式各不相同，有人喜欢刷微博，有人喜欢逛门户网站，有人喜欢玩微信，网友的不同喜好决定了很难有某种渠道能够完全覆盖信息入口。只有使用多种渠道，才能使信息传播更快。此次营销活动中，骆驼使用了游戏、微博、微信、论坛、分类垂直网站、视频、百度百科、旺旺等渠道，全面撒网，使信息很快地散播出去。

第三，关注流量入口，卡位截取流量，增加自身站点访问量。

在这次营销活动中，骆驼分别在凤凰网通栏、淘宝聚焦、淘宝登陆页面设置了引导链接，通过对各个流量入口进行卡位来获得流量，从而达到增加访问量的目的。访问量上去了，关注度自然也就上去了。

骆驼这次声势浩大的营销，带来了直线上升的关注度，扩大了品牌影响力，提高了销售业绩，出色地完成了营销目标。企业，特别是"淘系"企业，如何升级营销体系，打造完善的营销生态系统，或许可以从骆驼这次营销活动中找到灵感。

第四部分
应用：未来正在到来

第十四章
社会化营销的评估标准

评估前需要弄清的问题

广告界有句名言："广告有50%是没有效果的，困难的是你不知道是哪个50%。"营销效果的评估一直是个难题，社会化营销也不例外。社会化营销策划者和执行者在这个方面多多少少存在着一些误区。

要想做好社会化营销评估工作，就必须先弄清楚一些问题。

第一，社会化营销是一个长期的过程，评判社会化营销要向前看。

人与人之间信任的建立、人与企业之间信任的建立、企业品牌形象的塑造都是缓慢的过程，这就决定了大部分的社会化营销方案不会立竿见影。你很可能不会为了一个陌生人花费太多时间和金钱，同样你也很难为一个不了解的产品买单，信任和品牌形象变现是长期的过程。信任和好的品牌形象一旦建立，将会缓慢而持续地为你带来收益。

我们也见到过一些短时间获得大量盈利的案例，不管是真实的还是炒作的，大都是偶然发生的，未必会对企业形成持久的影响。那些案例只能算是成功的广告，其成功甚至包括运气的成分，我们不能以那样的案例作为评判社会化营销的标准。

对于社会化营销初期的效果，不要有太高的期望，不要以短期暴利的标准去评判社会化营销，更不要因为初期效果不是很好就放弃。

第二，一些评判指标是无关紧要的，甚至是错误的。

拿微博营销来举例。虽然很多人已经知道粉丝数量并不能说明营销效果，但是还有很多人在找不到更多评估影响力标准的时候，拿粉丝数量作为效果的评判标准。还有一些人认为，拿粉丝数量作为标准是不对的，但是可以拿有质量的粉丝数量作为评判标准，这种做法也是不正确的。有些粉丝与你充分互动，你可以称他们为有质量的粉丝。这些人在和你的互动中，所产生的影响力又各不相同：因为他们在和你对话的时候，他们各自的粉丝也成为了话题的听众。另外要说明的是：一部分对话题感兴趣并最终成为客户的粉丝，也可能不会与你进行互动。

能否达到传播的目的，充分沟通是最重要的，粉丝的数量和质量只是手段。单纯以粉丝数量和质量为评判标准，都是以偏概全的。评判营销效果，要把效果细分，把评判标准细分。

第三，其他企业的评估标准和评估体系未必适合你。

不同行业、不同企业、不同文化、不同目标、不同阶段，所使用的营销策略和具体方法都会各不相同，所以评估标准也应该不同。有的企业要让人们知道产品信息；有的企业宣传的是服务质量；有的企业不需要用户过多关注；有的企业需要保证一定的曝光次数……企业应该结合自身特点，建立适合自己的评估体系。

第四，数据很难完全体现社会化营销效果。

社会化媒体营销的核心作用是提升消费者对企业品牌的信任感，而信任感是无法用数字来完全衡量的。一些企业社会化营销的目的是为了帮助企业渡过信任危机，在这个过程中，避免负面信息被夸大或者被迅速传播是首要任务，有多少人改变了对企业的印象是数据很难体现的。比如某食品企业在食材方面出现丑闻，这时如果曝光次数减少反而是件好事。当你的竞争对手通过社会化媒体和消费者进行充分互动时，如果你什么也没做，这种影响是很大的，数据无法体现。

另外，当一个品牌在同时使用多种营销手段的时候，社会化媒体营销往往也能给其他传统的营销方式带来积极的影响。比如炫迈口香糖，电视上打广告时广告词没有被太多人注意，但是经过社会化媒体的炒作，"根本停不下来"这句广告词火了。社会化营销这些隐性的效果如果被忽略，社会化营销的价值就会被低估，你甚至很容易认为社会化营销的效果很差。

对于社会化营销，不是每一种积极的效果都可以用数据来考量，而其最大的价值在于难以被量化的品牌好感度和消费者信任度的提升。一些用户很可能在与企业充分沟通后，对企业品牌产生了一定的好感，虽然他们可能不需要你的产品，但是他们影响周围的人，为你做免费的营销推广。

要宽容和长远地去看待社会化营销，当过于关注短期结果时，你就会丧失对社会化营销的掌控。社会化营销和受众互动的过程本身也是一种财富，对企业成长有着不可估量的作用。企业更多的应该视社会化媒体为一个品牌和消费者开展沟通的平台，为受众提供和创造更多人性化、情感化的体验和利益，从而形成差异，增加品牌的资产。

社会化营销效果的定量评估

在工作中，常常有朋友问我："社会化营销的效果如何评估？投入和回报率怎样计算？"我特别能理解他们，在没有一个清晰的评估标准进行预算和评估的情况下，下决心做社会化营销是很难的。

社会化营销是营销领域快速发展的一种方式，但是对其效果的测量，大多数企业还没有建立合适的体系。营销收益的测量是开展有效营销、促进整合营销健康发展所必不可少的环节。要协调好企业、社会化媒体、营销策划人等多方面的利益，就必须有一套完整的评估体系。

那么，如何做好社会化营销的评估呢？

社会化营销效果有定量评估和定性评估两种评估方式。两种方式相结合才能客观地去评价社会化营销的效果。

定量评估是采用数学的方法，收集和处理数据资料，对评价对象做出定量结果的价值判断。它的评估指标主要包括以下几项：

曝光频次

曝光频次指转载数量、回复数量等常规内容数据。流量确实是营销效果最直接最明显的体现，但同时我们也应该清楚，质量有时候比数量更为重要。

传播速率

传播速率是单位时间内传播效果的衡量。它与粉丝数、跟随者数、好友数增长速率有关。阶段时间内好友的增长率越高，传播速率越高。

曝光频次和传播速率是社会化营销到达程度的体现，是社会化营销的早期价值。到达程度是指利用社会化媒体力量将产品信息、活动内容传达给以前未接受信息受众的能力。社会化媒体营销的到达效果和传统营销的到达效果不同，它的新受众是通过自己的朋友或者是自己信赖的人得知产品信息的，这就让他们比较信任这种产品。例如，当一个人从朋友那里得知产品信息时，可能会更愿意了解下去，这要比从广告上得知的效果要好得多。

互动或参与成本

统计每次营销活动中的点击次数、转发次数、评论次数，再除以整个营销活动中信息推广部分的花费，即可计算出互动成本。

互动增长速率

在一次营销活动中，对比前后期用户的使用、关注、参与的数据，例如线上活动的注册人数、视频的浏览比例、投票或调查的参与度、销售量等，即可得出互动增长速率的计算数据。目前社会化营销还处于成长阶段，数据统计还比较混乱，不排除一些营销公关公司雇用"僵尸粉"等来影响粉丝数目的行为。评估更看重的应该是互动增长率，参与互动的客户才是对企业有价值的。

互动成本、互动增长率，是营销过程中用户参与程度的直接体现。必须承认前期曾参与互动的用户承担了意见领袖的角色，这就要求企业要有奖励客户的行为。对参与互动的客户进行细分，分阶层地奖励，会提升互动增长率。比如有的客户通过反馈对企业提出了有用的意见，另有一些客户参与了品牌推广，在他们的圈子里影响力很大，企业须要对他们进行奖励。但是企业营销人员必须明白：奖励要双向进行，一方面要奖励那些直接参与到产品建设和推广的客户，另一方面对这些客户的追随者也要有适当奖励。

第三方数据

之所以选择第三方平台数据，是为了避免企业自身或营销的外包商在数据统计过程中受到主观影响，第三方数据相对更加客观。

企业在一次营销实施前后，可以委托第三方调研公司调查品牌或者产品的知名度及美誉度变化情况。无论是口碑式传播，还是病毒式传播都将迅速传播品牌形象，不管这种传播带来的是积极的还是消极的影响。第三方数据能客观体现效果评价中的品牌推广度、品牌美誉度、品牌影响力等方面。

销售业绩

企业最终的目的是提升销售业绩，销售业绩是评判社会化营销结果的最终指标之一。但是需要我们注意的是，这里的"销售业绩"指的是企业在开始做社会化营销以后，在一个相对较长的时间段内（比如说一年或者一年以上）的销售业绩。对线上销售业绩的影响、对线下销售业绩的影响、由于用户评论或评价产生的转化率、应用下载次数、由优惠券带来的销售额、客户购买量的变化、购买频次的变化，都是企业销售业绩的指标。

第三方数据和销售业绩是社会化营销的最终衡量指标，是用户在社会化营销中用户行动度①的表现。社会化营销不仅仅是为了获得关注和曝光，甚至也不仅仅是为了受众互动参与，把受众的关注和参与转化成品牌美誉度和销售业绩才是社会化营销的最终效果。

目前阶段，许多企业社会化营销尚不能完全建立健全量化的评估体系，一些企业对社会化营销的效果评估只是停留在简单的监测用户行为上。如何利用大数据等先进技术，结合自己企业的特点对社会化营销有一个定量的评估，是很多企业所要面对的问题。

①　用户行动度：企业通过社会化营销使用户产生对品牌认知、产品消费行为的改变程度。

社会化营销效果的定性评估

前一段时间，我的一个朋友愁眉苦脸地过来告诉我："我的儿子在这次考试中得了100分，只不过他是数学和语文两门成绩加一块100分。"朋友很生气，恨铁不成钢。我安慰朋友说，考试分数只是学习的一种定量评估，不能完全代表学生优不优秀。考多少分除了和本身知识储备有关外，还和考试过程中的发挥、考试题目类型、考生的身体和精神状况有关。一个学生上不上进、有没有自己独特的思想、有没有学到做事做人的道理，也应该是评判学生优不优秀的标准，这个标准是定性评估。朋友听完我的话，想想也觉得有道理，决定当天就不教训儿子了。

社会化营销效果评估如同考量一个学生，是否优秀不仅仅体现在具体的分数上。定量的分数只是一个比较容易量化的方面，更难的是如何评估一些"无形的成绩"。

对于定量的评估，如曝光频次、传播速率等，随着技术的提升，在更大、更及时、更全面的数据支撑下，会相对比较容易实现。而"无形的成绩"，包括品牌知名度、美誉度、联想度、忠诚度等，则需要寻找合理的、系统的分析方法，进行定性的评估，以期能够更客观地评估社会化营销的效果。

定性评估方式主要分为两个角度：网络舆论分析和影响力分析。

网络舆论分析

网络舆论是受众真实情感的体现，网络舆论走向决定了品牌美誉度的提升或下降。网络舆论分析是一种对网络文本的定性分析，主要从网络舆论的传播时间点、传播文本的感情倾向、传播中重要的"接力者"这几个方面入手。其中传播的时间点、传播的接力者可以较容易判断。传播的感情倾向可以从网络舆论的正面、负面、中性的评价比率入手。评价比率是和一件事情中正面、中性、负面的评价数目相关联的。分析微博、微信、论坛、博客、SNS等社会化媒体传播过程中跟帖的评价比率、互动的评价比率，评估出舆论的感情倾向，从而可以看出社会化营销的引导效果。另外网络舆论的分析还可以从搜索引擎的正面、中性、负面新闻评论比率入手。

影响力分析

"脸萌"是一款通过挑选卡通发型、五官、背景，制作专属卡通形象的软件。无论从哪方面看，"脸萌"都是一款再普通不过的软件。截至2014年6月，就是这样一款普通软件，下载量竟然达到3000万以上。原因何在？因为这款软件吸引了许多明星和知名人士的分享评论。再回想一下开心网的停车位、QQ农场、QQ牧场，这些都是再简单不过的游戏，但是让许多人欲罢不能，甚至有人专门定闹钟"偷菜"。为什么这么多人趋之若鹜呢？主要是社会化媒体聚集了一些个体从而形成群体，群体的影响力是巨大的。

影响力分析是很难量化的。我们一方面可以从有无名人博客和微博自发撰文讨论、有无社区和网站在显著位置推荐等来判断影响力的大小，另一方面可以参考媒体跟进程度来判断，比如有无其他非合作媒体如电视、报纸、杂志等进行话题的跟进和二次传播放大。

社会化营销的影响力让一些事发生了根本性的改变，它可以影响我们的生活习惯，让一款普通的游戏软件变成时尚标志，也可以将一些普通人聚集在一起完成一次高效的传播或者营销。

社会化营销的效果评估除了要结合定量、定性两种方式外，还要从企业所属行业的类型、企业产品或服务的特点、所使用媒体的种类以及目标受众的特点入手，将线上活动和线下活动数据有机地结合起来，用更大更快的数据去评估验证营销效果，建立合适的营销评估体系。

在社会化媒体高度发达的今天，社会化营销代表着企业品牌传播和营销的未来。做好社会化营销效果的评估，企业的社会化营销才会有更大的发展，才能为企业和消费者提供更好的服务。

微信营销效果的评估

截至2014年8月，微信用户达到4.38亿，伴随着微信的火热，微信营销被越来越多的企业使用。微信营销是网络经济时代企业营销模式的一种创新，是社会化营销的重要组成部分。用户注册微信后，可与周围同样注册了微信的"朋友"形成一种联系，这为口碑营销打下基础。企业在受到用户关注后，可以一对一地推送营销信息，实现点对点的精准营销。企业不仅可以在微信上推广自己的产品信息和服务，还可以直接完成销售支付等工作，这为企业的销售节省了时间。微信的特点注定它在商业圈中拥有不可替代的位置。

微信营销是社会化营销的新宠，在介绍了社会化营销的评估方式之后，我们不妨介绍一下微信的营销效果评估方式。

说到微信营销效果的评估，企业首先要明白自身微信营销的目的是什么。有的企业利用微信营销来进行老客户维护，有的企业用来推广新产品，有的企业则用来获得用户反馈……清楚自身主要目的是什么，才能客观地进行营销效果评估。

微信营销效果评估指标包括了以下五种：

粉丝数

仅以粉丝数目为目的的微信营销是"耍流氓"，原因很简单，如果仅仅寻求粉丝数目就会忽略微信推行的最终目的。曾经有这样一家淘宝卖家，微信平台上的粉丝在很短时间内达到了几万人，于是这家店铺的负责人认为自己已在微信营销上取得了很大成绩，从此高枕无忧了。但是由于与粉丝互动不够和管理不善，等到营销结束才发现自己的销售业绩并没有明显增长。这说明粉丝数目多并不是微信营销成功的最终判断标准。当然，如果粉丝数目很少，企业的信息很难被扩散出去，更谈不上成功了。

企业粉丝少了当然不行，但也不是越多越好。企业要根据自身微信推行的需求、功能的运用情况、公司品牌的传达力度等，判断具体多少粉丝数目是适合管理和能满足传播需求的。拥有适量且有质量的粉丝才有利于企业的社会化营销。

粉丝评价

企业微信的功效和内容，粉丝是否喜欢？企业发布的产品信息，粉丝是否喜欢？看看粉丝评估，有计划地进行调研就知道了。粉丝的评价是粉丝质量的体现，很多企业没有大量的粉丝，却依然可以做好社会化营销。比如一些餐饮企业，只是锁定了附近的一些人，粉丝并不多，但是质量却很高。每当粉丝有评价的时候，店主就仔细分析并解决问题，这家店就会越做越好。

粉丝评价数据可以通过社会化媒体调研和粉丝抽样问答得到。

功能受欢迎度

企业微信大众渠道的功能包括内容的功能、推广功能、实用功能。内容的功能即是根据粉丝需要而设计的，打开公司相应内容页面的功能。比如粉丝输入公司名称能看到公司的介绍，粉丝输入公司组织机构能看到公司有关组织结构的介绍，粉丝输入公司部分技术能看到这些技术的介绍。推广功能是指公司针对本身推行需要而规划的推行功能，比如一些辅导机构用试题测验这个功能和有需要的粉丝进行直接互动。实用功能即是一些像时差查询、股市查询、交通状况查询的实用功能以及公司本身个性化开发的功能，功能受欢迎程度决定了粉丝对企业的依赖程度。功能的受欢迎程度和粉丝数、粉丝评价有关。[①]

互动频率

微信的互动频率代表了公司微信大众渠道的运用效果，从侧面证实了公司的微信大众渠道就是一个APP。它包括内容方面的访问和转发、实用功能的运用。比如说包括微信信息的阅读量、转发量、互动量等，还包括公司微信大众渠道的一些实用功能的运用次数。

互动频率与粉丝质量和粉丝评价相关联。

转换率

企业转换率是指企业由微信营销带来的受众对品牌情感的转换和消费情况的转换。企业营销的最终目的不是增加多少粉丝，而是通过微信营销把粉丝和受众转化为消费者。由于企业微信营销的目的不同，在转换率方面，有的企业看重品牌认知的转换，有的企业看重粉丝直接变为消费者的转换。不同企业、不同阶段对转换率的需求也是不同的。企业转换率与粉丝依赖程度和粉丝数有关。粉丝依赖程度高，就会从关注变为咨询，从咨询变为消费，从而企业转换率就会增高。

企业进行效果评估是微信营销的重要环节，企业需要依据合理的思路和指标选取客观的方式对营销效果进行评估。在评估过程中，企业还要对评估指标反映的问题做出分析，及时改进微信营销的策略，最终最大化地发挥微信营销的效果。

---

① 参见夏雪峰：《微信营销应该这样做》，北京：机械工业出版社，2014年版。

第十五章
传统企业的社会化营销改革：要么变，要么死

社会化营销变革：挖掘可传播的用户和平台资源

在社会化营销时代，传统媒体单方面的信息输出已经不能建立起消费者的忠诚度了。用户需要的是通过与企业进行互动并迅速获得反应。在这种形势下，许多传统营销不仅起不到作用，而且也没有意义。

我们或许可以这样想：许多传统企业雇用很多员工、代理、咨询顾问，甚至还有合作伙伴，但这些人都不是企业产品或服务的买方，他们的利益与购买方肯定不会完全一致。对此，我们该如何推动这部分人来劝说购买者将费用花在营销的产品或服务上？

2014年之后，乃至今后的十年时间里，传统企业的媒体传播格局越来越纷繁复杂。作为一位资深的社会化营销人士，我深知：变化即生存。传统企业的营销从原先的企业新闻定制到社交网络传播，已呈现出百花齐放的局面。

过去，我们依靠媒体和企业向公众传播信息；现在，微博和微信等移动

终端应用的普及，使得每一个人都成为信息的传播者。拿微博来说，现在一个网友仅仅发布一条微博，就可能引起整个平台上的普通网民、意见领袖的关注，甚至通过跨平台的分享迅速传播到微信、网络媒体和平面媒体上。

从这个趋势来看，网络媒体的传播逐渐走向由社会化新媒体和传统媒体相互配合互相传播的局面。由此产生的变化是，传统企业正在开展一系列的社会化营销改革，以便尽快跟上这个新时代。

创维集团成立于1988年，主要生产彩电、数字电视机顶盒、手机等产品。经过26年的奋斗，创维集团已经成长为蜚声国际的中国家电巨子，是中国三大彩电龙头企业之一（其余两家为TCL和康佳），位列中国电子百强企业第15位，总共有员工2万余人。

作为一家传统企业，创维集团过去的营销方式似乎不太适应新时代的发展。在这种情势下，创维集团紧跟时代步伐，整个企业开始了一次全面的改革，进行社会化营销。然而，当用户在搜创维的公众账号时，发现有密密麻麻的一大串账号出现在搜索结果里。面对"创维集团""创维上海分公司""常熟创维""创维广州分公司""创维湖州""河北创维""Skyworth创维"等账号，他们并不知道该找哪一个账号了解信息、解决问题。

据了解，整个创维集团，从企业到员工拥有4894个微博账号和近300余个相关企业、产品、分公司的微信账号。而且这些账号平均拥有粉丝数超过1000人。本来公司高层以为拥有这么多账号和粉丝就能把社会化营销做好，殊不知这些账号各成体系，根本无法转化为有效的传播资源。

创维集团在社会化营销改革过程中出现的问题主要体现为：传播资源缺乏整合和统一的管理。与TCL、长虹等同行相比，创维集团的微博和微信账号在过去两年里仅仅停留在用户积累和单纯发送"心灵鸡汤""硬性广告"的阶段，有价值、有品牌的传播内容相当欠缺，用户黏性不高。

同时，相对于同行来说，从新媒体平台到微信平台的账号规模和互动性比较，创维的粉丝数虽然不少，但基本上都是"死粉""僵尸粉"，用户的互动分享传播少之又少，仅仅局限在简单的产品和企业品牌信息的推送上，缺乏相关的激励措施，难以激发用户帮助企业进行口碑传播。

总之，创维在社会化营销改革的过程中遇到的问题非常典型，主要有三种情况：

（1）企业将社会化新媒体平台当作信息的发布平台来使用，没有发挥出这些社会化新媒体平台的传播价值。

（2）企业中虽然从企业到员工都拥有大量的微博账号和微信账号，但却没有发挥出它们应该有的作用，无法转化为实际的传播资源。

（3）社会化新媒体平台资源多、用户多，但是用户资源被严重浪费，企业与用户之间的互动很少，难以激励用户进行自发性的口碑传播。

那么，传统企业应该如何做好社会化营销呢？我认为具体可从员工资源、媒体资源、用户资源和平台资源等4个方面入手。了解企业基本拥有的资源，就可以有针对性地进行社会化营销改革。

（1）员工资源：传统企业大都经历了较长时间的发展，拥有数量相对较多的员工。随着微博和微信的普及，每个员工都应成为信息的传播者。记住一句话：员工传播资源，价值无限。

运用：搭建及管理企业员工微博和微信平台，实现对员工资源的整合。

（2）媒体资源：大多数传统企业过去在各种媒体上发布新闻，每年还会举办各种媒体的联谊会，拥有一些核心的媒体人士及电视平面、网络传媒行业的知名人士等媒体资源。

运用：企业可搭建企业媒体微信俱乐部来实现对媒体资源的整合。

（3）用户资源：传统行业在过去都积累有一定的用户人数和用户基础。

运用：企业可以通过微信和微博公众平台的托管，让更为专业的公关公司和新媒体运营团队来实现对用户资源的整合。

（4）平台资源：许多传统企业都是集团化公司，从总公司到分公司再到地方，从管理部门到职能部门，都拥有一定数量的微博和微信平台。

运用：企业可通过对平台资源规模及传播职能的重新划分，实现对平台资源的整合。

传统企业在社会化营销改革的过程中，应该深度挖掘企业集团可用于传播的用户资源和平台资源，我把它归纳为"资源聚合，合则成体"。

建立运营体系

电影《在云端》中，主人公瑞恩·宾厄姆是一名公司裁员专家。他的工作是飞来飞去为各地的公司解决裁员的问题，他的人生目标是乘坐飞机积攒的里程数达到1000万英里，从而晋升为白金会员。现在许多商务人士同瑞恩·宾厄姆一样，经常坐飞机到处出差。我们把这一类人形象地称为"空中飞人"。

经常坐飞机的人都知道，一般需要提前2个小时到机场办理乘机手续。有一次，我要出差去外地，去首都机场的时候没堵车，结果提前将近3个小时到达机场。闲得无聊，我就提前跑去办理登机手续，结果柜台服务员说还没到时间。没办法，我只好在那里等，登机开始没多久，我发现给我安排的位置已经到中段了，一打听才知道，有相当一部分人早已经通过微信把前面的位置都订光了。

这次亲身经历让我明白，原来包括航空公司在内的许多传统企业已经利用微信公众平台做了一些实际的事情，而不是为了多一个广告发布渠道。若传统企业将微博、微信等社会化新媒体平台利用好，社会化营销必能顺利开展，并取得良好效果。

具体说来，企业要想做好社会化营销，还需要做好社会化新媒体平台的运营工作。根据传统企业的一些资源情况，我从以下几个方面进行分析：

（1）日常内容的输出。

社会化新媒体平台强调的是利用平台进行企业与用户、用户与用户、企业与企业等多种对象的互动沟通，而不是把平台当成一个传统媒体之外的"广告发布中心"。如果企业在运用社会化新媒体平台进行社会化营销之前做好定位，就能从源头上保证营销改革效果。

因此，在这些新媒体平台的系统运营中，传统企业需要在内容创造上下功夫，避免出现一些广告性质非常明显的内容，以免受众产生反感情绪。例如，原先微信公众账号是可以无限制推送消息的，但后来因为用户投诉过多，微信运营团队规定订阅号一天只能群发一条信息，而服务号只能一个月推送4条。

（2）互动活动的举办和管理。

现在的社会化新媒体平台基本上都能同粉丝进行互动，不仅可以群发一些文字、图片、语音、视频等信息内容，还可以进行一对一的深入沟通。

（3）产品促销和新品上市输出。

通过新媒体平台，企业可以在第一时间将产品和新品上市的信息传递给用户，再由其中一部分用户进行二次传播。

　　中国南方航空股份有限公司（下文简称南航）是国内运输航班最多、航线网络最密集、年客运量亚洲最大的航空公司，其微信公众账号诞生不久后就被用来试水"微信值机"。

　　"值机"是打印登机牌发票、分配座位，并最终获得登机牌、发票的这一过程。如果机场有自助值机的设备，那么整个过程用户可以自己操作，无需排队去人工值机柜台办理。"微信值机"则是网上值机的一种服务，能让乘客更为方便快捷地完成登机手续的办理工作。

　　用户如果不需要托运行李，就可以通过这种移动客户端办理登机手续，提前预定座位并将登机牌打印出来，直接通过安检登机。

　　用户关注"中国南方航空"的微信公众账号后，可以用手机把身份证号或者票号通过微信发过去，然后就可以办理电子登机牌。这种做法不仅减轻了值班柜台的高峰压力，还大大减少了乘客的登机时间，提升了旅客满意度。

　　同时，南航不断完善"中国南方航空"微信公众账号的功能，使之成为一个高效率的系统化服务平台。客户在该微信公众账号上可以查询航班，根据需求找到航班之后还可以在上面直接订机票，并完成支付。更为人性化的是，客户还可以在上面选座位：只要上面没有锁的蓝色椅子都可以任意选。

　　像南航这样的传统企业已经充分利用社会化媒体平台——微信公众账号"中国南方航空"的系统化运营来进行社会化营销改革了。通过公众账号，企业可以实现我在前文提到的三点内容，充分利用企业已有资源，给客户带来非常好的服务体验。

　　随着社会环境的不断变化，企业的营销方式也应该及时变革。传统企业要想在竞争日益激烈的市场中占得先机，赢得客户，就必须以社会化新媒体平台为主体，构建起系统化的运营模式，这样才能立于不败之地。

总之，传统企业应该规划好平台，进行统一整合，并建立起平台日常内容输出等一套整体的运营体系。

生态型的激励体系

如今，消费者已经成为驱动市场的主体，营销人员操控全盘的时代一去不复返。在这种变化下，越来越多的传统企业也开始及时转变思路，努力建立一个新的市场营销体系，由终端用户来拉动整个价值链。

传统企业要想在新竞争环境下生存发展，就必须更加贴近用户群体，精准把握用户的需求、体验和反馈。因而，用户会发现，那些昔日高高在上的企业变得更加人性化，更有人情味。当然，这些都是传统企业改革的方向和目标，至今仍有相当一部分企业与客户的关系冷若冰霜，并没有形成更进一步的情感联系。为了尽快建立与用户的情感联系，企业需要采取一些激励模式，让用户主动"投怀送抱"。

过去几年，只要一提到用户激励，大多数人马上会想到等级、积分、道具、勋章这些东西。经过很长一段时间的反复思考论证，我对用户激励形成了几点认识：

认识一：没有完美的激励体系。

很多人都想创造出一种完美的激励体系——利用这种体系，企业能够满足所有的用户。就像永动机只存在于理想中一样，完美的激励体系也不可能存在。因为在企业的目标客户群体中，用户的内心诉求是不同的，有些人要获利，有些人要出名，有些人要刷存在感……这种诉求的差异性让激励体系不能成为"万金油"。

认识二：良好的产品体验是基础。

俗话说，"烂泥扶不上墙"，一个质量很差、社会评价低的产品，即使有很完备的激励体系，也很难起到作用。

认识三：关键在于价值点。

等级、积分、道具、勋章等常见手段对于用户的激励也有一定的作用，但光靠这些远远不够。激励体系让用户看到其中的价值点才是关键。这里的价值点并不仅仅代表经济利益，还包括人们的社交需求、关注需求、成名需求，有时甚至仅仅只是一种所谓的安全感。

下面我以微信为例，谈一谈如何去构建一个良好的激励体系。

第一步：利用API开放接口，导入会员数据。

现在微信公众平台的服务号以及之前成功申请内测资格的订阅号都拥有自定义菜单的选项。这个自定义菜单就是微信的API开放接口。当企业通过这一接口将微信会员的数据导入之后，就可以进行下一步的工作了。

第二步：进行发卡管理。

拿到会员数据，但凡成为企业用户微信平台、媒体俱乐部平台及员工微信平台的用户，均可经由架设在API上的辅助工具自动生成会员卡，让用户通过微信会员卡可以享受到企业相关的特权服务。

第三步：设立积分管理。

企业可以通过微信会员卡记录用户线上和线下的相关活动信息，设立积分制度。比如，会员只要在平台中通过微信的内容制造、内容传播以及互动等，即可产生一定的积分。具体有"关注积分""邀请好友加入积分""分享文章积分""参与互动回复积分""参与内容创作积分""参与活动积分""参与游戏积分"等方式。

第四步：进行会员卡级别的分类。

每过一段时间，企业可根据会员的积分情况更新会员卡级别。级别越高，享受的特权和优惠就越多。这种做法可以为用户提供个性化服务和差异化服务，从而提升用户参与企业微信互动的积极度。从长远看，这种方法有利于企业培育一批忠诚的老客户。

第五步：提供积分兑换服务。

用户可以通过企业的微信平台进行积分兑换，企业的后台系统根据用户需求及时进行积分扣除，并分发礼品（礼品多为虚拟的电子券，积分扣除不影响会员等级）。

大渝网是腾讯科技有限公司和重庆日报报业集团联合打造的门户网站，现已成为重庆市民获取本地资讯最有效的网络平台。

2013年，大渝网微信会员功能上线。用户只要扫描二维码，并注册大渝网微信会员即送500积分。大渝网还设立微信会员的几大特权：

（1）积分不过期，拿奖不再遥不可及；（2）登录就有积分拿，轻轻一点赢幸运；（3）勤互动，多参与，百倍积分属于你；（4）高分粉丝VIP，专属活动送给你；（5）购物抵现打折扣，更多优惠享不停。

同时，大渝网微信平台还设立一系列的积分获取和使用规则：

（1）报名活动：参加任意一个微信活动的报名，即奖励5个积分；

（2）答题活动：参加"新闻周考"等答题活动，即奖励5个积分；

（3）投票活动：参加新闻调查等投票活动，即奖励10个积分；

（4）分享截图：参加任意一个微信朋友圈分享的活动，截图回复给大渝网微信，即奖励10个积分。

会员获取一定的积分后，还享有兑换奖品的权利：

（1）小型QQ公仔（16cm）——2000积分；（2）中型QQ公仔（25cm）——3000积分；（3）电影票（2D/3D通用）——5000积分；（4）农历年公仔（25cm）——6000积分；（5）大型QQ公仔（45cm）——8000积分。

大渝网在微信功能上线后采取一系列的积分获取和积分奖励活动，起到了很好的激励效果，吸引了大量粉丝注册和参与。

我认为，一个良好的激励体系就是一个生态体系：企业需要用户的忠诚度和口碑传播，用户通过企业提供的激励获得价值点，两者共生，和谐发展。

因此，企业需要利用数据和技术平台，建立起完善的平台用户激励体系和传播考核体系，可以使平台用户持续引流，增强互动热度，并激发用户帮助企业传播的参与感。

精准+整合，放大营销效果

当一条信息被制造出来后，仅靠一两个社会化媒体的传播效果还是不明显。除了做好资源聚合、系统运营和激励体系的工作外，还需要考虑传播推动的问题。

过去是"酒香不怕巷子深"，如今是网络时代，酒再香也怕巷子太深。只有打通传播渠道，让更大范围的人了解到产品的信息，才能获得更多的社会关注度和目标客户。为了进一步增强营销的效果，传统企业需要做好传播的推动工作。

第一，用户平台的口碑传播推动

现在，大多数传统企业都开通了企业集团官方微博和官方微信（双微）。

首先，从企业方面说，企业可以进行双微联动，统一设定具体的传播内容（稿件、话题、视频、活动），邀请两个平台上的会员进行参与传播及推广。

其次，就普通用户而言，大多开通新浪博客、微博、微信以及百度贴吧、天涯社区等新媒体账号。在一定的激励体制下，为了获取积分，他们会主动创作内容在企业的新媒体平台上发布，形成用户自发制造内容帮助企业传播的行为。

第二，媒体关系促进及媒体传播推动

企业可以通过微信、微博等新媒体平台发布活动、游戏、内容来邀请媒体参与其中。与企业合作的媒体编辑可以主动创作内容@企业微博，然后再分享给企业的公众微信，形成编辑自发制造内容帮助企业传播。

第三，"精准+整合"传播，放大企业品牌传播

新媒体的不断涌现和发展，使得广告传播呈现由模糊传播向精准传播的转变，其中的变化主要由新媒体的优势决定。在我看来，新媒体的以下优势决定其精准性：

（1）有针对性，利于细分受众群体。

新媒体通过对用户的CRM，能够对受众群体进行进一步细分，使得广告的投放和传播更具有针对性，而不是漫无目的地低级推广。

（2）即时互动，转化率高。

新媒体能够让企业与用户即时互动起来，形成点对点的传播，有利于提高受众实际购买的可能性。

（3）增加企业社会化营销的投资回报率（ROL）。

新媒体的有效利用能够减少企业广告投入，提升投资回报率。

鉴于新媒体平台的诸多优点，传统企业可以通过精准传播进行社会化营销。除此之外，网民、媒体编辑、明星和意见领袖等网络全媒体资源均是社会化营销不可忽视的一部分，我们在利用功能强大的新媒体平台的同时，还需要将上述网络全媒体资源进行再整合。

具体说来，企业可以结合自身产品、品牌的特点，根据不同媒介资源和平台的特性展开整合活动。一般是通过精准的广告投放，结合线下活动、APP游戏、KOL（关键意见领袖）推广，以同步登录、多平台共享的形式，实现多个媒介的整合传播。

某传统企业在营销过程中，通过相关技术工具排除原有官方微博平台上的"僵尸粉""死粉""小号"等对企业营销完全没效果的非真实用户，找到其中真实活跃的用户。

随后运营人员通过技术后台数据分析这部分用户的特征，识别出适合参与活动传播的目标人群。

接下来，活动方筛选出10个微博达人作为传播种子，通过极具创意和吸引力的文案呈现形式在这些传播种子号上进行定向推送，引爆传播。很快，这些微博达人的粉丝将信息进行分享转发，达到二次扩散的效果。最终在12小时内覆盖将近1000万微博用户，达到1.5万人到站UV（独立访问者）、3万转发次数的传播效果，引发了微博营销的"蝴蝶效应"。

除此之外，该公司还将投放在各大城市中高档小区的精美广告与社会化媒体平台对接，并开发出好玩的APP应用，将自身品牌的广告内容巧妙植入，实现多触点（让用户了解信息的渠道）的整合营销，使营销效果更上一个层次。

这家公司通过"精准+整合"营销的方式，在定位精准用户的同时，通过多触点整合，让更多用户了解并参与活动，有效推进整体传播效果。

传统企业为了扩大企业品牌传播效果，可以在一定的激励体制下促进平台用户的口碑传播，并整合外围新闻、新媒体传播资源进行传播加强。

第十六章

微信：社会化营销的新宠

妙用微信功能

微信是现阶段社会化营销无法绕过的话题，站在移动互联网的风口上，企业做营销将事半功倍。

根据最新数据显示：截至2014年7月底，微信的月活跃用户数已接近4亿；微信公众账号总数580万个，且每日新增1.5万个；接入APP总量达6.7万个，日均创建移动APP达400个；微信广告自助投放平台上已经拥有超过1万家广告主，超过1000家流量主。①

微信已然占据社会化媒体的半壁江山，其爆发式增长对企业营销人员也提出了更高要求。当大家发现客户、朋友、竞争对手都在使用微信时，就不得不把营销的关注点放到微信上来。妙用微信，可以让我们与潜在客户随时沟通，获得他们更多的信赖。具体来说，微信上面有"朋友圈""扫一扫""摇

---

① 数据来源：2014年微信应用产业峰会，由微信官方公布的最新数据。

一摇""附近的人""漂流瓶""微信安全支付"等功能，这些小小的功能都能给企业带来惊喜，也为营销人员在社会化营销的过程中找到新的突破口。

下面我就来简要介绍一下相关的微信功能在企业社会化营销方面的应用：

（1）"朋友圈"，激发客户主动传播。

一些不熟悉微信朋友圈的人可能会说，朋友圈不就是微信上的"微博"或者"QQ空间"吗？其实，虽然它们的展现形式和功能类似，但当朋友圈出现在强关系的微信上，它又能产生独特魅力。比如，你不但可以看到好友图文结合的内容，还可以进行评论或点"赞"。当然，微信"朋友圈"的功能远不止这些，用户也可以点击界面右上方的相机图形，自己拍照或者从手机的相册中选择照片进行上传分享。同时，该功能还可以与微博、QQ空间等相互绑定，将图片同时发送到微博或者QQ空间中。这种信息的发布方式非常方便，可以在短时间内让更多的人分享你的图片或文字内容。

营销人员要想用好"朋友圈"这一功能，就必须考虑到用户能从你发布的内容中获得什么。这部分内容关乎微信软文的写作。

（2）"扫一扫"，扫出生意。

"扫一扫"功能的应用与二维码的兴起是相互推动的。顾客只需要拿起手机，点开微信"扫一扫"功能，就可以了解商家发布的广告内容。在微信5.0版本发布以后，"扫一扫"功能得到全面升级，用户可以扫描二维码、条码、封面、街景、翻译等。

这一功能领域的设置为商家提供机会。比如，当用户用"封面"板块去扫描书本，手机上立刻就会出现图书介绍以及定价，甚至还能直接引导他们去亚马逊、当当等购物网站购买相关的书籍。同时，随着微信支付功能的开通，用户看到商品之后可以直接进行支付购买。

此外，用户通过"街景"板块，能知道当前的方位以及商业信息。根据这一点，商家可以与微信官方合作，将自己的地址以及相关信息放在微信平台上，当用户"扫一扫"之后，很有可能就会扫中企业。

"扫一扫"功能可以让用户化被动为主动，得到快捷满意的服务，还能感受到新奇的移动体验。对于企业来说，有利于精准定位目标人群，做到有的放矢。

（3）"摇一摇"，摇出大优惠。

商家可以设置一些代表企业产品或服务的名字，然后"摇一摇"。因为微信默认优先显示附近同时"摇一摇"的人，所以比较适合一些本地的服务性行业尝试。

比如，商家可以先给自己取一个比较有吸引力的名字，比如"××美容顾问""××店优惠券"等，然后组织员工"摇"手机，然后送出自己店的优惠券。

这一功能非常受年轻消费者群体的喜爱，它可以让原本单调的聊天、沟通方式变得灵活多样，这也更加符合新时代沟通互动的新要求。

（4）"漂流瓶"，捞出一片惊喜。

招商银行是中国第一家由企业创办的商业银行。微信用户数的迅速增长让招商银行嗅到其中的营销机遇。

2012年4月2日是世界自闭症日，招商银行、壹基金携手腾讯微信官方进行合作，开展影响范围广泛的"爱心漂流瓶"活动，号召全社会来温暖这些孤独的孩子。

活动期间，微信用户使用"漂流瓶"功能捞瓶子结交朋友时，就会看到

"招商银行点亮蓝灯"，只要参与或关注，招商银行会通过"小积分，微慈善"平台为自闭症儿童捐出1积分。每500积分就可以帮助自闭症儿童获得1个课时的专业辅导训练。

根据业内营销人员统计，招商银行开展此项活动期间，用户每捡10次漂流瓶就有可能捡到一次招商银行的爱心漂流瓶。这种简单却很有意义的活动，吸引了一大批微信用户的关注和参与。

招商银行的爱心漂流瓶活动，恰好迎合用户对于未知感强烈的东西的兴趣。企业的营销人员若能利用这一工具抓住用户的心理，就能够更好地进行微信营销。毕竟，人的很多行为都受情感驱动，当他们对你要宣传的产品或服务产生强烈兴趣时，你就很容易实现营销效果。

（5）微信公众平台：天然的CRM工具。

如果说上面的功能只是些皮毛的话，那么微信公众平台功能绝对非常强大，对企业的社会化营销也最为实用。

一些西方营销专家的研究表明：一般情况下，企业寻找一个新客户的成本是留住一个老客户的5倍，而一个老客户奉献的盈利是新客户的16倍。这个理论不是说新客户是多么不值一文或者老客户多么重要，它说明的是CRM的重要性。

当企业充分利用微信的这一功能进行全面系统化的分类管理，其效果必然是惊人的。不过我要强调的是，不管微信的功能多么强大，它只是一个有力的工具。营销人员最需要抓住的还是客户的内心，把自己放在客户的位置上去思考他们的心中所想，正如"要想钓到鱼，就必须像鱼那样来思考"。

微信营销的六大模式

微信营销是社会化营销的重要组成部分，它可以算得上是一款纯粹的沟通工具。企业、媒体、明星、名人和普通人之间的对话都可以是完全私密的（除非群发）。它的这些特点也让用户对微信的亲密度更高。

鉴于此，企业的营销者应该充分利用这一款社会化营销工具，为企业的产品、服务和相关活动创造一个更好的营销环境，并获得更多的用户和社会关注。

那么，如何才能利用好微信进行营销呢？对此，我总结了微信营销的六种模式供读者参考：

模式一：信息推送，让用户量更有价值

企业开通微信公众平台后，可以给自己的粉丝发送信息。在微信公众平台的后台上，营销者可以通过对订阅者的管理、分组来实现消息的推送。其推送消息的形式也很多样，可以是文字、图片、音频和视频之间的任意组合。

同时，我们应该注意，这种消息的推送具有即时性，粉丝在收到信息后可以同企业进行互动，迅速了解具体的信息，为他们提供了很大的方便。这种形式比微博更为方便，因为微博上的粉丝并不一定能及时看到信息。不过这也对企业推出的信息内容提出了更高的要求。毕竟，若用户看到一些强制性的硬性广告，很可能会直接取消对你的关注。

因此，企业的营销人员一定要考虑的一个问题是：客户数量众多，众口难调，如何去满足所有用户的需求？

对于这个问题，我建议营销人员了解目标客户群体的一些信息内容，了解向用户推送信息的最优时间段以及什么样的内容才更易接纳。这需要营销人员平时及时地与用户进行沟通，认真对待用户的反馈，并提供解决方案，这样才让企业显得更富有人情味，有利于获得更高的用户黏性。

模式二：利用语音信息，及时沟通互动

虽然微信公众平台的许多功能模式非常抢眼，但一些用户对微信的语音信息更感兴趣。企业也应当利用微信语音的功能，让用户感受到微信不是一个冷冰冰的、没有生命力的工具，而是一个同他一样的"人"。

不过，这种方式给企业的营销者带来的挑战是，未认证的微信公众号每天只能发送一条语音信息。可想而知，要想让客户在短短的几十秒内，了解其中的所有信息也不容易。根据传媒界的殿堂级人物马歇尔·麦克卢汉在《理解媒介》中的描述[①]，人对"听"的理解能力要远远低于对"看"的理解能力，所以声音的阅读难度很大。

从这个角度讲，语音信息的形式更适合同用户进行互动。这种模式跟广播电台的功能类似，用户都能同语音的推送者进行互动，只不过微信更加方便直接，而且还可以反复重温。比如，有一个天气软件公司，专门开发类似于iPhone上面附带的智能语音识别系统。当关注它微信公众账号的用户用语音发来所要了解的城市天气时，这家公司很快就能通过语音来辨别具体的位置，并能及时发送该地的天气情况。

总之，把这种模式做好，才能让用户对企业产生依赖和信任，从而使用户成为企业的忠实粉丝。

模式三：扫描二维码，线上线下结合

前面已经提到过，用户通过微信中的"扫一扫"可以扫描企业留下的二

---

① 《理解媒介》中的原文为："人体的肉体涉及五种感官，按照自我感觉中感官分割的程度来给它们排序：视觉排第一，因为眼睛是高度特化的器官；听觉排第二；其余的排序依次是触觉、嗅觉和味觉，它们的特化程度逐一递减。"

码，进而参与优惠活动、了解产品或服务的详细信息等。

可以说，利用微信进行二维码营销也是当前社会化营销的一种趋势。二维码属于公开性与私密性的结合体：一方面，二维码本身的价值在于企业的线下活动与线上结合，用户可以从企业张贴的广告宣传纸上看到二维码，这一步骤是面向大众的；另一方面，当感兴趣的用户通过"扫一扫"之后，就相当于走进一扇门，可以了解到门内的世界，这一步骤出现在用户的手机上，是私密性的。

当我们了解了二维码的这两种特性后，就应该充分利用好二维码这种营销模式，毕竟它吸引的粉丝绝大多数都是最有价值的目标客户。

模式四：自动回复，方便又有效

企业的营销者可以通过网页端进行微信公众平台的一些设置，包括"实时消息""用户管理""群发信息""素材管理"等模块。在这些模块设置中，我要说的是"自动回复"功能的设置。

2013年2月份，小米公司开通了微信公众号，仅仅3个月其粉丝数量就超过了105万。小米对微信的定位早期也有迷茫，后来明确定位为客服平台。这主要也与微信公众平台的产品形态有关系，微信的关键词自动回复机制，很适合打造成一个自助服务的客服平台。

小米专门开发了一个技术后台，对用户普通的问题可以通过关键词的模糊和精准匹配进行自动回复，而一些诸如"死机""重启"或者无法匹配的问题，才会由人工客服解决。据了解，小米微信每天接收的信息量是3万条，其中后台自动回复2.8万条，依靠人工处理2000条。

可见，小米微信利用技术进行自动回复，不仅减少了开支，还能减轻客服人员的负担。

模式五：CRM工具，打造服务平台

许多企业进行微信营销，有很大一部分是冲着"天然CRM工具"来的。过去的CRM工具通常是e-mail、呼叫中心或者短信，现在微信一出现，其他的CRM工具马上就黯然失色。当然我们也不能完全否定前面的几种传统的CRM模式，只是微信更加适合社会化媒体时代的CRM。

目前，许多企业都在微信公众平台上开通了自定义接口功能。通过这个接口，企业可以为用户提供更为人性化、全面化的服务。比如案例解密部分提到的南航微信值机，就是充分利用微信的自定义接口，为用户提供个性化的值机服务。

模式六：数据统计，分析客户需求

微信版本升级后，在公众平台上新增了一项数据统计的功能。通过这个功能，企业可以将粉丝数量的增减、接收信息、回馈等内容利用图表的形式展现出来。这让企业可以更好地在公众平台上进行数据分析，及时了解客户的需求和自身的不足，以便及时调整，更好地抓住粉丝的内心。

撒网捞鱼：微信推广策略

随着微信营销的火热，许多企业也纷纷加入了这一新的阵营，共同开发这一片社会化营销的蓝海。不过，许多企业都是赶时髦、随大流而进入这一领域的，它们在创建微信公众号之后，并不知道怎样去做推广。

针对这些企业遇到的难题，我在本节将会提出几个关键的推广策略，希望读者能够在阅读之后有所启发。

推广策略一：利用"小号"加粉

对于联想、星巴克、麦当劳这样的大企业来说，它们在开通微信公众号之后，只需要通过原有的微博导流和适量宣传就可以在短时间内增加大量粉丝。但如果企业的品牌并不知名，或者规模不大，要想将自己的微信公众号推广出去，获得一定数量的粉丝，也不是那么容易。

当企业的微信公众号得不到推广的时候，不妨换个思路，以小博大。经过一些企业的实践，服装、餐饮、美容和娱乐等行业都适合利用"小号"来推广官号增加粉丝。比如，企业可以号召员工申请多个"小号"，利用微信的"个性签名""朋友圈""附近的人"等功能加入自己企业的信息，将企业的公众号推送给附近的人和朋友。没过多久，企业公众号的粉丝数就会得到迅速提升。

推广策略二：线上线下一起推广

尽管微信的线上推广功能非常强大，还是不能忽视线下的推广。许多企业在实践的过程中得出，线下推广在整个微信营销中占了相当一部分比重。

唯品会是一家专门做特卖的大型网站。为了进一步推广品牌，唯品会也投身微信营销领域，开通微信公众平台。没过多久，唯品会的微信公众平台就吸引了许多忠实消费者的关注。唯品会经常会在线上开展一些关于促销活动的宣传，同粉丝进行互动，聚集了大量粉丝。

同时，唯品会为了让微信公众号的推广更有效果，还选择线下推广的方式。主要分为两个部分：

（1）将企业微信公众号通过积极的线下活动提供给目标客户群体。具体说来，企业可以利用在各种包装盒和外包装上的二维码来引导他们扫描二维码，从而关注唯品会的官方公众账号；

（2）唯品会通过张贴在快递物流等设施上的二维码，让更多的潜在用户知道这个网站，这对于微信公众账号的推广非常有帮助。

由此可见，企业通过线上线下的有利推广可以更好地将微信公众号推送出去。

推广策略三：微信造势，吸引更多关注

如果一个企业认为仅仅把自己的微信公众号装扮得非常华丽，用户就会自己关注进来，那么这只是想当然。其实如果没有好的造势，很多用户仍然不知道。那么如何进行微信造势呢？

（1）利用媒体宣传。企业借助官方微博、官方网站以及报纸、杂志、DM广告等媒体平台资源，为企业的公众号订阅做好宣传，在宣传的信息中加入二维码和微信号的标签。

（2）做好微信互动。微信营销的一个优势是互动性强。企业在推广过程中，一定要保持互动，这样有利于保持用户对企业的黏性，还能激发他们自发传播的热情。

（3）宣传方式要有创意。企业通过创意的内容和吸引眼球的表现形式进行微信造势，一定能让粉丝积极参与并主动传播。

（4）大打免费折扣牌。大多数人都有贪小便宜的心理，企业若能利用好人的这一心理特性，在搞促销活动的时候，同时宣传企业的微信公众号，这样很容易形成双赢局面。

推广策略四：利用微博和QQ的力量

尽管现在微信一支独大，但是微博阵营的人气仍然非常高涨。许多明星大腕的微博关注量动辄上千万。鉴于这一点，企业在做微信营销时，不妨借助微博的力量来成功导流。

若企业自身微博的关注度很高，则可以在开通微信公众号后，第一时间在微博上发布消息，与粉丝进行互动，推广微信号；若企业自身微博关注度不高，则可以同微博上的明星和草根名人合作，请他们来帮忙推广。

除了利用微博，企业还可以借助QQ来帮助推广，如QQ空间、QQ群以及QQ广告弹窗等。

推广策略五：口碑传播，增进推广效果

社会化营销的两个关键词是"互动"和"沟通"。如果没有让大量的目标用户自动自发地转发和分享，用户增长的后劲就会不足。因此，微信推广还需要善于经营已有的粉丝。企业可以利用优质的内容和消息，配合一些特权优惠措施，让资深粉丝能切实获得优惠。这样一来，他们对企业产品或服务的满意度提升，自然会产生信赖。

当企业成功培育了这样一批铁杆粉丝后，微信推广就能够借助这么一批赞同你的粉丝自发为你宣传。这也给企业在初期经营用户的时候提出了几点要求：

（1）在微信互动中，企业要真诚对待用户，及时解决用户的问题，充分站在用户的角度想问题。

（2）保证产品和服务的质量，避免"好事不出门，坏事传千里"。

（3）情感维系，抓住用户的共鸣点。

（4）整合微信资源，保持跟进。

相信读者在了解微信推广的五大策略之后，对微信营销又会有新的认识。总之，微信营销不是一个噱头，它需要企业通过相关的技巧和实实在在的行动来实施，切记不可随大流，盲目跟进，否则会给企业带来不必要的投入甚至是损失。

创造杀手级微信文案

社会化营销时代，人们开始更加便捷地使用搜索功能，这也让营销人员看到微信营销过程中非常重要的一环——软文营销。

如果你对"软文营销"这一概念不了解，那我告诉你，在网络没有兴起的年代，"计划生育是一项基本国策""要想富，少生孩子多修路""没有共产党就没有新中国""一人参军，全家光荣"等等宣传标语经常出现在全国各地的墙上。它们就是那个年代的软文，宣传效果非常惊人。

进入移动互联网时代，媒介从原来的土墙变成了智能手机和平板电脑，但是在上面发布的软文仍然作用惊人。微信营销的兴起，引发了一场移动互联网客户的争夺战。企业要想在这样一场没有硝烟的营销战争中获得胜利，渠道并不具有唯一性，内容和创意才是关键武器。在我看来，微信营销之争，其实就是内容之争。

在我的360度微资源生态圈理论中，我总结出关于内容创造的几个要点，这对微信软文的写作同样适用。不过，具体问题具体分析，企业的营销人员在进行微信软文的写作时，还需要结合微信的特点，更为细化深入。

许多传统行业的营销人员都不会写软文，他们在社会化营销时代竟然还把微信公众平台当成一个广告的发布中心，这种做法不仅起不到好的营销效果，还会把原先的品牌积累消耗殆尽。对此，我个人根据多年的网络营销和社会化营销经验总结出杀手级微信文案的写作要点：

杀手级文案写作要点一：点睛之笔在标题

古人打仗的时候是靠战旗来指挥的，微信文案的标题就起了一个战旗的作用。标题相当于广告，一旦写好，能起到画龙点睛的作用。如果标题不够吸引人，激发不出读者阅读的欲望，内容再怎么好也很少有人看。

那么如何去写一个好的微信文案标题呢？我的想法是，一定要做到语不惊人死不休，起到鹤立鸡群、独树一帜的效果。具体我简单总结几个好标题的设计原则：抓住消费者眼球；简洁明了；有针对性；生活化、通俗化；人性化、形象化。

此外，我再深度结合微信提出几点：（1）字数一般不超过14个字；（2）妙用特殊符号；（3）在中文标题中适当加入英文标题；（4）巧用带数字的醒目标题；（5）将社会热点转化为标题；（6）直接用到"折扣""免费"等字眼；（7）将搜索量大的关键词设计进标题中；（8）解密一些用户了解却不甚清楚的"内幕消息"。

杀手级文案写作要点二：正文首句抓眼球

有了一个点睛之笔的标题后，接下来就是正文的内容了。正文的首句要能够抓住读者眼球，让他们用心往下看，这非常重要。人都有好奇的天性，正文首句如果有一段放大用户好奇心的内容，就能让用户充满热情地读下面的内容。

杀手级文案写作要点三：每段注意空行，条理清晰

一些没经验的营销者在编辑软文时，总会密密麻麻写一大片。读者第一眼看过去感觉乱糟糟的，就没有继续阅读下去的心思。这样的软文，即使内容再精彩，至少也会削弱50%以上的广告效果。

杀手级文案写作要点四：直奔主题，用数字和结果说话

记住，只有结果才能让你的目标客户心跳加速，对你的产品或服务非常感兴趣，从而转化为直接的购买行为。

有一些初学者在编写微信文案时，总会不自觉地加上一些渲染效果的形容词。其实这样效果并不好，我建议用数字和结果说话，让客户一目了然。这种做法有利于引爆用户的积极性，微信文案的效果自然会更好。

杀手级文案写作要点五：把握客户需求，不重复啰唆

在微信文案中，一切内容都是为客户服务的。当我们把客户最想要的、最有需求的东西写在文案中，客户自然会不请自来。

杀手级文案写作要点六：多种形式结合，效果更明显

微信的文案不单纯是文字，否则会显得单调。如果能够将文字内容同精美的图片结合，让读者拥有更舒畅美妙的阅读体验，绝对能起到"1加1大于2"的效果。

另外，随着越来越多的家庭、公司以及咖啡厅等场所都有了宽带和无线网络，营销者可以适当在文案中插入一些制作精良的短视频。这样做的好处是，客户会认为你的公司是有一定实力的，你的广告也是比较专业的。当他们有了这样一个印象后，效果才有可能好。

杀手级文案写作要点七：做好成交的渠道铺设工作

作为文案的发布者，你一定要在结尾给用户一个明确的指令，这样他们才能在兴奋之余，知道接下来应该做什么。否则，即使你前面的内容让他们读得十分激动，他们可能也不知道后面要干什么。

成交是营销最重要的目的。因此，微信文案的结尾一般会提供一些实现成交的途径，让用户在有引导的情况下实现购买行为。

杀手级文案写作要点八：做好文案测试，不断优化

当一份微信文案新鲜出炉后，不要急着去发布。有经验的营销者会不断地测试，主要流程如下：

（1）做出3到5份微信文案，然后把自己的一部分客户群体分成几组。

（2）将不同的文案随机发送给测试的群组。

（3）根据成交量和用户反馈信息等要素评判出最佳效果的文案。

（4）将最佳效果文案大量发送给所有的目标客户群体。

（5）发布之后不断优化更新文案的内容。

此外，结合我的360度微资源生态圈理论，微信文案的内容一定要写出企业产品的独特卖点。只有"人无我有，人有我优"的卖点才能促成差异化营销，强化客户对你的信任感。

第十七章
用社会化营销打造社会化企业

向消费者营销企业品牌使命

如今的营销方式与传统路径区别越来越大。一条140字以内的信息就可以让一个事件举国皆知，让一个名不见经传的草根成为名人。当然，它也能让一家具有百年历史的品牌企业一夜间倾覆，让昔日辉煌的明星成为社会舆论的众矢之的。

这些现象表明，任何人在社会化媒体上面发布的内容都可能成为热议的话题，甚至引发轰动效应。我们已经进入营销3.0时代，新时代最大的特征就是每个消费者都从过去相对模糊的群体中独立出来，拥有强烈的表达和参与愿望，他们希望主动了解、参与和监督包括企业营销在内的各个环节。由此，企业不再是过去那个冷冰冰的模糊形象，需要以"人性化"为主题，想方设法为消费者带来更为丰富的互动体验，从而将企业的营销推进一个新层次。

在这种变化下，企业需要改变传统的营销模式，用社会化营销思维向消费者营销企业的产品。毕竟，过去的企业只需要让消费者购买产品就足够，而对于营销3.0时代的企业而言，这只是其中最基础的一部分。

甚至，企业品牌也不再属于企业本身，企业想对品牌施加影响已变得十分困难，因为企业品牌在某种程度上为消费者所有，品牌使命已成为消费者的使命。因此在营销3.0时代，企业在社会化营销过程中首先要向消费者营销企业的品牌使命。下面我通过三个方面来分析企业如何向消费者营销品牌使命：

创造不同寻常的业务

企业家创业，通过创造不同寻常的业务提出企业的使命宣言。比如，比尔·盖茨在创办微软公司时，最先在主流市场中引入操作系统的概念，并通过网络效应成功地将软件变成电脑运算过程中不可或缺的一部分，于是微软公司当时的品牌使命为"让运算无处不在"。与微软类似的是，史蒂夫·乔布斯以差异化的Mac电脑、iPod和iPhone等产品改变计算机、音乐和电话行业，于是苹果公司的品牌使命是"让消费者享受科技"。

当然，在高度开放的社会化营销时代，企业的使命也是处在不断变化之中。企业要做的是，当品牌发生变化时，要让消费者无意识地接受这种变化，并把品牌视为日常生活的一部分，从而改变消费者在生活中的行为方式。体验经济的兴起，正是这种变化的真实写照。

创造打动消费者的品牌故事

无论是传统营销时代，还是社会化营销时代，要想让消费者了解企业的品牌使命，品牌故事不可或缺。纵观那些知名品牌的历史，它们往往都有一些吸引人的品牌故事，比如可口可乐（Coco-Cola）公司这个品牌故事就很吸引人：

1885年12月，美国亚特兰大的药剂师约翰·彭伯顿与三个合伙人成立彭伯

顿化学公司，四人享有均等股份。整个冬天，他都躲在自家后院，从早到晚往简陋三脚架水壶中添加各种液体或粉末、树叶。他是个痴迷于药物发明的人，几年前陆续研制出印度皇后染发剂、三重肝丸、姜油水、柠檬柑橘万灵药等药方和饮料。不过，这些药物却无法缓解自身的病痛，那年他54岁，看起来却已到了风烛残年，他饱经风湿、胃病等顽疾的折磨，还染上吗啡毒瘾。为了减轻痛苦，他经常喝法国古柯葡萄酒。

古柯葡萄酒中的古柯叶被秘鲁人和玻利维亚人咀嚼了2000多年，主要成分是可卡因和生物碱，具有兴奋剂、帮助消化、春药和延年益寿之效。从1884年开始，彭伯顿尝试把古柯葡萄酒中酒的成分去掉，添加各种植物萃取物做替代，他希望新饮料能避开禁酒令的限制上市销售。为减轻植物的苦涩味道，他加入糖、柠檬酸、碳酸盐……一次又一次品尝棕色糖浆的味道。1886年，彭伯顿终于获得不一样的成功，在他生命的最后几年，发明出了这个星球上最伟大的饮料——可口可乐。

彭伯顿很注重广告宣传，1886年5月的《亚特兰大日报》刊登过一则广告："可口可乐，可口！清新！快乐！活力！该新潮饮料含有神奇可卡叶和著名可拉果成分。"同时，任何人可以免费品尝一杯价值5美分的可口可乐饮料。1887年，彭伯顿个人申请"可口可乐"专利，并独自以1美元加1200美元的无息贷款将2/3的专利权卖给其他人，整个公司从此陷入无尽的混乱和纠葛之中。费尽周折，商人阿萨·坎德勒最终以2300美元将可口可乐的专利权收入囊中。

1888年8月16日，彭伯顿因病去世，当地报纸称赞他是"亚特兰大最年老的药剂师、最负盛名的市民……最受欢迎的绅士"。他是杰出的药物学家也是糟糕的商人，留下价值连城的秘方和一地鸡毛的官司。遗憾的是，至死他都不知道可口可乐应是最值得珍惜的财富。他的遗孀终身靠救济度日，独子嗜酒如命，六年后自杀身亡。[1]

这个品牌故事借助具有历史感的故事叙述形式，吸引了消费者的关注。通过这个品牌故事，消费者既可以了解可口可乐的发展历史，也可以知道可口可乐的产品特点，对可口可乐的品牌有了一个更深刻的认识。

在社会化营销时代，一家企业的品牌故事经由社会化媒体可以迅速传遍整个网络，让更多消费者了解企业的品牌故事。鉴于此，企业可以尝试利用社会化媒体平台塑造一个全新的品牌故事，以便在消费者内心留下一个更为新鲜、有冲击力的品牌形象。

如何塑造一个全新的品牌故事呢？我认为需要把握以下几点：

（1）整合品牌相关的素材。

企业的营销者深入企业内部，然后从企业名称的来源、经营生产的各个环节以及发展过程中的一些重大事件等信息中，寻找能够对用户产生足够吸引力的素材。

（2）注意品牌故事的特点。

在社会化平台上传播品牌故事时，首先要保证故事内容的真实性，其次是要有个性和侧重点。

（3）品牌故事不应过于夸张强势。

社会化媒体平台的传播非常迅速，若在这些平台上发布的品牌故事过于夸张强势，则可能会起到适得其反的效果，并不能获得用户的好感。

鼓励消费者的互动参与

在社会化媒体时代，每一个普通的消费者都不只是信息的接收者，他们

---

[1]　资料来源：http://www.bjms168.com/HTML/News_3903.html

都可以是一个社会化的新媒体。可以说，我们进入了一个扁平化的时代。在这个时代，企业要想向消费者营销企业品牌使命，就需要让他们产生一种权利感，让他们拥有主人翁的责任意识。这样一来，用户就会主动去宣传企业的品牌使命。

企业在社会化营销的过程中要注重消费者的力量，通过自己、意见领袖等与消费者进行互动交流，让他们了解企业的品牌使命，从而更好地认同企业的品牌，支持企业产品的销售。

向员工营销企业文化

社会化营销是一种"人人"参与的营销新形式。这里的"人人"除了普通消费者，还包括企业员工。可是近些年来，许多企业的员工对于自己企业的文化并没有认同感，甚至会对公司进行负面评价。

原因在于，进入21世纪以后，人们更容易获取信息，而且信息的传播变得更加迅捷。这也使得一些企业在过去尚未被披露的问题被暴露在众目睽睽之下——全球各地都爆发各种令人震惊的企业丑闻，这些丑闻让这些公司的价值在消费者和员工眼里变得一文不值。

员工是每个企业在日常经营中至关重要的合作伙伴，他们既是产品的制造者，又是服务的提供者，与消费者关系密切。现在许多企业在运营的微信、微博平台，都是员工在支撑。从某种意义上说，企业社会化营销的效果与员工是否积极参与息息相关。

因此，企业要想做好社会化营销，还需要先向员工营销企业文化。我认为主要从对内和对外两个方面营造一种良好的企业文化：

对内要以人为本

菲利普·科特勒曾把这个时代称为"营销3.0时代"，也就是消费者不再是普通的顾客，企业要营销的也不仅仅是产品或服务，企业还要传播一种人文精神，体现一种社会责任。因此，企业要把人当成企业经营管理的出发点和归宿点。首先，企业应当尊重员工，关心员工，利用社会化媒体的互动宣传来体现企业的文化，而不是编制单调乏味的"员工手册"。

当企业借助社会化新媒体来体现和传播自身文化时，说明已经走在打造社会化企业的前列。这种做法也能充分调动员工的内在积极性、创造性。当然，社会化媒体虽然有技术和功能上的优点，但是还要靠人去驾驭和创造。只有树立起一切为了员工、一切依靠员工、全心全意为员工服务的宗旨，才能充分激发员工的主人翁意识，让他们自动自发地去宣传企业的产品或服务。

这样一来，企业的每一位员工都能成为一个宣传企业的自媒体，他们组成的自媒体矩阵能够将企业的信息放大出去，获得更大的网络声量和社会关注度，增强企业的营销效果。

对外要让员工成为企业的代言人

当员工树立起主人翁意识之后，企业还应加大宣传用户对于企业的重要性。只有这样，员工才会以用户为中心，成为服务消费者的企业代言人。只有企业员工主动通过社会化新媒体同用户互动交流，关心用户，时时刻刻为用户着想，才能让他们对品牌产生黏性，成为企业的忠实用户。这样一来，企业员工就为企业品牌的提升带来很大的促进作用。

去过海底捞的消费者都知道，海底捞餐厅的服务让人感觉就像是招待来家里的客人，从引位、待餐、就座、用餐，到洗手、离场，每一个细节都体现着以人为尊的服务理念。对于这样的服务，即使再挑剔的顾客也很难发出抱怨。

每一位海底捞餐厅的服务员，自始至终都保持着微笑，哪怕他们正在忙着手上的活，哪怕是在传菜的路上，他们都会微笑。微笑服务可以说是服务行业的招牌，这既是展示自身的美，又是表示对客人的尊敬。然而，现在的消费者也很挑剔，他们反感那种标准式的微笑。海底捞的员工看起来是发自内心的真诚的微笑，这种微笑是培训不来的，是来自于内心真正的愉悦和热情。

这些都是海底捞微笑服务的一部分。该公司的企业文化是让员工"认同公司、快乐工作、微笑服务"，即：经理对领班微笑，领班对员工微笑，员工对顾客微笑，最后为了让顾客也对海底捞微笑。这一套微笑服务理论就是海底捞企业文化中最精华的一部分。

当海底捞把"微笑链"的信息放大，经由各种社会化媒体平台传播出去之后，其在网络上迅速引起了热议，"海底捞体"呼之欲出。比如，有微博内容如下："我在海底捞吃饭，忘带钱了。领班说：没关系，下次补。又掏出50块钱：这个您拿着打车。兄弟我感动万分由衷地说，等我到时候有钱买车，一定给海底捞当一月义务司机。领班马上掏出一张银行卡：拿着，现在就去买。又喊过来一群服务员：听大哥口音，不像本地人，估计没北京户口，你们现在就去排队帮大哥摇号。"

许多客户在"围观"后纷至沓来，想要亲自体验海底捞的"微笑服务"。一时间，海底捞的品牌知名度得到了很大的提升，生意也越来越红火。

社会化营销的关键在于信任，海底捞的"微笑链"对于企业向员工营销企业文化非常有借鉴意义。在海底捞，那些微笑的员工都是认同企业文化的。这些发自内心的微笑才能打动顾客，让用户的某些情感需求得到满足。

相对于传统媒体而言，社会化媒体可以同海底捞的"微笑链"一样，打动人心，让用户在潜移默化中接受品牌的理念、诉求。当粉丝去围观，又能引发热议，形成病毒式传播。

总之，在社会化营销时代，企业应从对内对外两方面向员工营销企业文化。一方面，企业需要尊重员工，让员工的生活过得更好；另外一方面，企业要让员工产生主人翁意识，鼓励他们去改变别人（顾客）的生活。

向合作伙伴营销企业价值观

在社会化营销时代，企业孤军奋战行不通，高度联系的市场早已把许多企业连接在一起。企业要想在新时代占领市场，获得更多的发展机会，除了经营好消费者和企业员工这两个群体外，还需要处理好与合作伙伴的关系。

开放性是社会化时代的一个重要特点。开放化的信息、开放化的企业、开放化的技术……当这些新的名词扑面而来，就意味着社会化营销必然是开放的。企业在发展的过程中，若能处理好与合作伙伴的关系，则更有利于打造成社会化企业。

合作伙伴是一个企业、用户和员工的混合体。它既有使命、愿景、价值观和商业模式，又有被满足的需求和希望，同时还有可能向用户销售产品或提供服务。由此可见，合作伙伴在这个新的时代显得尤为重要。

然而，令许多企业头疼的是，它们很难选择和处理好与合作伙伴的关系。我打个比方，在社会化营销时代，企业与合作伙伴的关系就像两个人的婚姻行为，企业要做的不是去关注对方的商业模式，而是要充分了解对方的目的、特征和价值是否和自己吻合。其中，合作伙伴的价值观是深层次的东西，很难详细了解，需要企业事先去展开深入的互动沟通。

安踏体育用品有限公司（下文简称安踏）是一家营销导向型的知名品牌体育用品企业，主要涉及运动服饰的开发、制造及销售，产品包括"安踏"品牌的运动鞋类及服装。1994年，安踏成立于中国三大鞋都之首的福建晋江，2007年成功在香港证券交易所上市。

据安踏副总裁张涛介绍，公司一般采用体育事件营销，其基于固定的体育资源结构：最上层为奥林匹克运动会以及区域奥林匹克形式的综合性运动会，例如2014年仁川亚运会和2014年索契冬奥会；中间层为各国际单项联合会组织的单项运动项目，例如足球世界杯锦标赛；最下层为各国体育运动管理机构开展的相关赛事，例如美国职业篮球联赛、中国职业篮球联赛等。

在这样的体育资源结构下，随着安踏营销活动的深入，其合作伙伴越来越多。2008年，安踏成为中国奥委会的合作伙伴，并于2013年成功续约，由此享有在全国范围内使用奥运五环的权利。安踏还利用中国奥委会合作伙伴的资源针对性地做了很多周边工作。

2014年8月4日，安踏取代李宁成为体操运动管理中心的合作伙伴，终结李宁与国家体操队长达23年的合作，这本身就是一个极具话题性的热门事件。因为在2014年有关奥运体育的活动上，连李宁本人也不得不穿上安踏的球衣去面对公众。2014年10月13日，安踏又接替匹克成为NBA官方市场合作伙伴以及NBA授权商，极大地提升了品牌价值和知名度。

安踏宣称致力于运动科学的研究，旨在提高运动员在比赛场上的表现，推动各国体育事业的发展，以"将超越自我的体育精神融入到每个人的生活"为使命，核心价值观包括四个方面：品牌至上，创新求变，专注务实，诚信感恩。这四点核心价值观推动安踏与合作伙伴的共荣共生。

以中国奥委会为例，信奉现代奥林匹克精神，提倡"每一个人都应享有从事体育运动的可能性，而不受任何形式的歧视，并体现相互理解、友谊、团结和公平竞争"，这与安踏的企业使命和价值观不谋而合，使中国奥委会对安踏产生强烈的价值认同。与奥运会并称"全球体育两大最顶级赛事"的FIFA（国际足联），价值观是"弘扬体育精神，传递世界的和平与团结，促进人类进步"；而NBA传达的是一种体育精神和篮球文化，也同安踏的企业价值观相得益彰，因而产生很好的合作关系。此外，安踏还以其强劲的盈利增长势头，获得合作伙伴对其利益的认同。

通过安踏与合作伙伴的合作案例，我们大致可以了解该如何向合作伙伴营销企业价值观。我们需要选择的合作伙伴必须在经营理念和价值观上与自身的一致，且能长期有效地管理和服务好市场，对企业的品牌具有较高的认同度和忠诚度。企业只有让合作伙伴赚到钱且能获得成长，并接受自身的理念，才能牢牢抓住合作伙伴。

此外，企业应该多利用社会化媒体工具，同合作伙伴互动交流，以便更加清晰、具象地把自身的价值观体现和传递出去。只有这样，合作伙伴才能真正认同企业，从而建立长久的合作关系。

在社会化营销时代，打造社会化企业应该要先寻找到合适的合作伙伴。合适的伙伴一定要与自己有着相同目的、特征和价值体系。通过与合作伙伴的整合，企业可以更好地把自身的品牌传递给消费者，达到深入人心的效果。

向社会营销企业责任

早在2012年，联合利华（Unilever）首席执行官保罗·波尔曼（Paul Polman）在接受英国《金融时报》采访时曾表示："今天的消费者愿意花钱购买有社会责任感的企业生产的产品。他们现在越来越愿意用钱包来投票。"

近几年，许多企业家都表达过与保罗·波尔曼类似的观点。而消费者经常挂在嘴边的一句话是："我们购买的产品既不损害地球，也不产自血汗工厂。"

社会化营销时代，企业不仅仅要生产产品或提供服务给用户，还需要承担一定的社会责任。向社会营销企业责任的关键在于信任营销，即利用社会化媒体平台与客户建立信任的纽带，取得客户的信赖，最终达到企业与社会的双赢。

其实，中国企业对于企业承担社会责任的讨论早已有之，但是关于在社会化营销时代如何去传播推广企业的社会责任的认知还比较模糊。有些企业仍然认为开办企业的目的就是实现利润最大化，不赚钱就是一种罪恶。甚至有些企业的领导者认为社会责任是国家的事情，自己依法纳税就已经足够。

这些观念有失偏颇。在欧美国家，消费者越来越钟情于那些实施积极社会文化影响的企业。对于这些变化，有远见的企业通常会主动应对社会挑战并积极寻找解决方案。比如，美国的一些企业通过联合来缓解或解决健康医保、个人隐私和由海外生产导致的失业率上升等社会问题。所以，中国企业需要把更多的关注点放在向社会营销企业责任上来。

正是在这样的背景之下，社会化营销的力量被不断放大，甚至从某种意义上来说，它干预着普通人的生活轨迹和企业的生产经营。就连传播社会责任的公益慈善活动，也纷纷借助社会化媒体，让营销走上新的台阶，形成一种全新的公益模式。这种公益模式的转变，可以让公益活动通过新媒体技术的运用，变得更加透明可信，让用户和企业自身都可以广泛参与，并且有利于互动交流和持续进行。

自2012年起，蒙牛就已经开始参与赞助第二届"寻找最美乡村教师"公益活动。到了2013年第三届"寻找最美乡村教师"活动时，蒙牛不再满足于赞助的角色，而是深入参与，成为活动的公益合作伙伴。

在这一届活动中，蒙牛亲自组织了"蒙牛寻找最美小分队"，专门深入到信息闭塞、交通不便的偏远地区寻找最美乡村教师。据事后统计，寻找足迹遍布全国22个省市，总共寻访了400多个乡村学校，行程共计15万公里，累计帮扶5000名师生。

2013年9月10日，蒙牛乳业联合54家合作伙伴，在"寻找最美乡村教师"的公益活动中，同乡村教师签订了定向帮扶协议，送上22份"幸福礼单"。此次活动累计捐款329万元人民币，并且还捐赠了电脑、文具、课桌、衣服、营养餐等大量物资以及每人一万元的现金红包。

同时，蒙牛还参与拍摄了《最美的课——我回老家上堂课》的微电影，作为献给第30个教师节的礼物。该微电影在微博、微信、视频网站等媒体上获得了大量的点击率，许多用户都进行了深入的互动参与。

此外，蒙牛还通过官方微博和微信，邀请社会名人、爱心人士亲自走进乡村小学为学生上课，先后获得30多位名人和54个企业伙伴的参与。2014年4月12日，蒙牛总裁孙伊萍亲自来到石庙子村小学，给学生们上了一堂难忘的课。这一事件很快成为当时的一个热点事件。

正如蒙牛总裁孙伊萍所言："践行社会责任与品牌发展具有良性的互动。'阳光、高尚、责任、创新'是我们的价值观，践行社会责任也是企业价值观的体现，在条件允许的情况下，力所能及地回报社会，是企业公民责任的体现。一个企业不仅要考虑市场，也要考虑对社会的贡献。"

在过去，人们看到的是企业走走过场，在媒体镜头前摆摆造型、做做样子之后就拂袖而去，留下一群不知所措的受助者。

很显然，这种作秀式的公益行为并不能得到社会的认可。究其原因，这主要是因为企业没有一个清晰的公益目标，且没有一套详细的跟踪管理和长期规划方案，参与程度也不足。同时，过去单纯捐钱、捐物的公益方式说到底，很难让受助群体在物质利益之外获得更多的人性关怀和情感交流。根据马斯洛的需求理论，后者往往是更高层次的需求。

现在，像蒙牛乳业这样借助社会化媒体进行公益活动的企业有很多。这种公益形式的改变也显示，企业的公益行为不再是由企业和公益组织独自运作的，普通人也能参与其中。而且，公益变得更加透明，那些"作秀"的公益行为不仅唬弄不了大众，反而会破坏企业既有的品牌形象。

或许，企业在成立之初的目的就是通过满足市场期望来获取利润。当企业壮大以后，许多企业必须通过参与慈善捐赠、公益活动来树立一个良好的公众形象。在这个"看脸"的时代，企业应当从幕后走到台前，积极推动社会进步。

毕竟，如今消费者评价企业时，会优先关注企业对普通大众和社会问题的承诺和贡献程度。这样的改变对企业来说，既是机遇也是挑战。如果抓住机遇，企业可以顺利打造成社会化企业，与这个社会化的时代共同发展；如果错失良机，仍用过去的思维做营销，很有可能就会走下坡路，最终被这个时代所抛弃。

图书在版编目（CIP）数据

社会化营销：构建360度微资源生态圈 / 胡恒飞著.
—杭州：浙江大学出版社，2015.7
ISBN 978-7-308-14832-0

Ⅰ.①社… Ⅱ.①胡… Ⅲ.①网络营销 Ⅳ.
①F713.36

中国版本图书馆 CIP 数据核字（2015）第 149348号

社会化营销：构建360度微资源生态圈

胡恒飞　著

策　　划	杭州蓝狮子文化创意有限公司
责任编辑	徐　婵
文字编辑	罗人智
责任校对	陈　园　杨利军
出版发行	浙江大学出版社
	（杭州市天目山路 148 号　邮政编码 310007）
	（网址：http://www.zjupress.com）
排　　版	浙江时代出版服务有限公司
印　　刷	浙江印刷集团有限公司
开　　本	710mm×1000mm　1/16
印　　张	16.5
字　　数	207千
版 印 次	2015年7月第1版　2015年7月第1次印刷
书　　号	ISBN 978-7-308-14832-0
定　　价	45.00元